Unverschämt bestickt

UISE LEMKE

CV

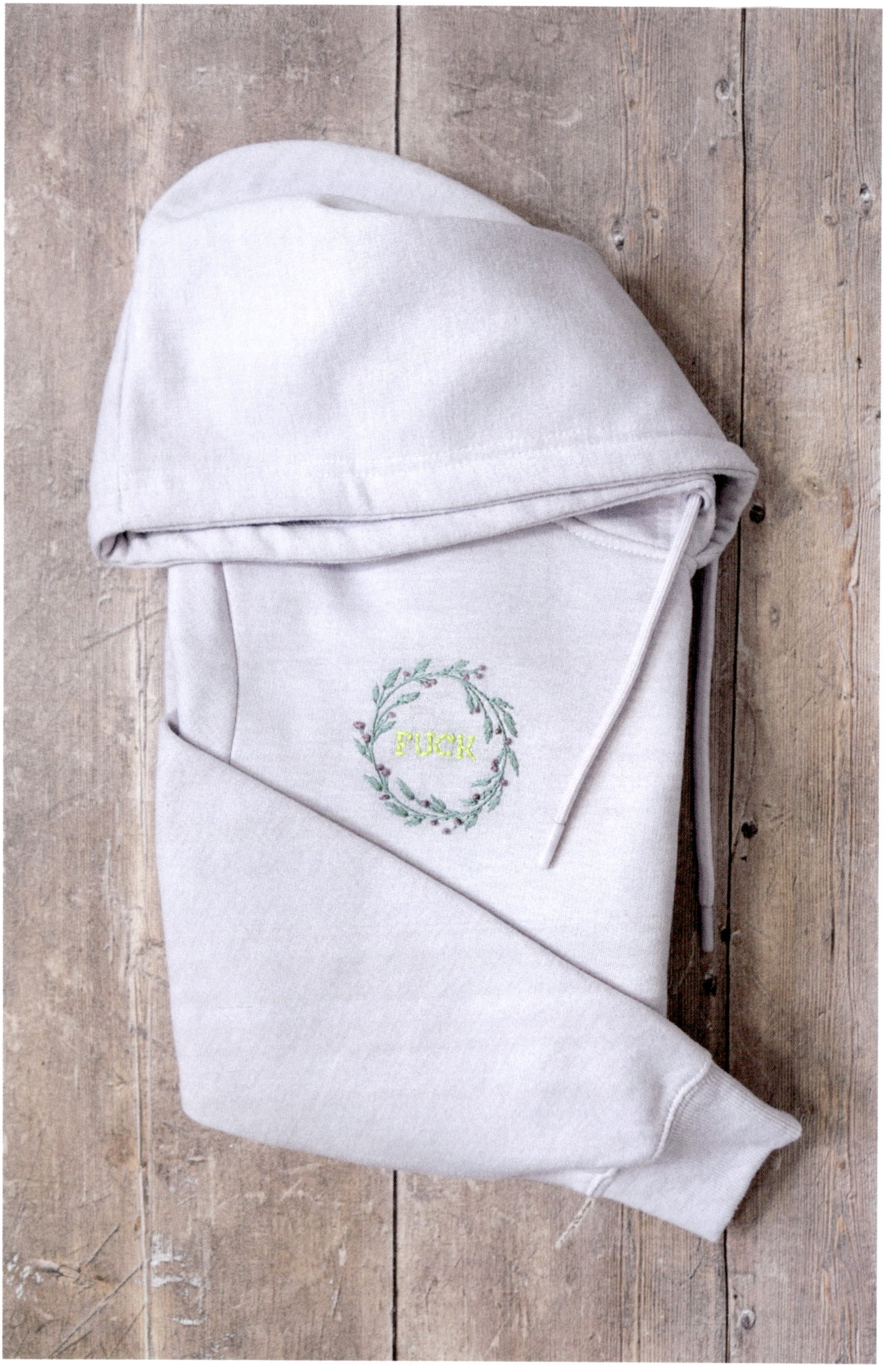
FUCK

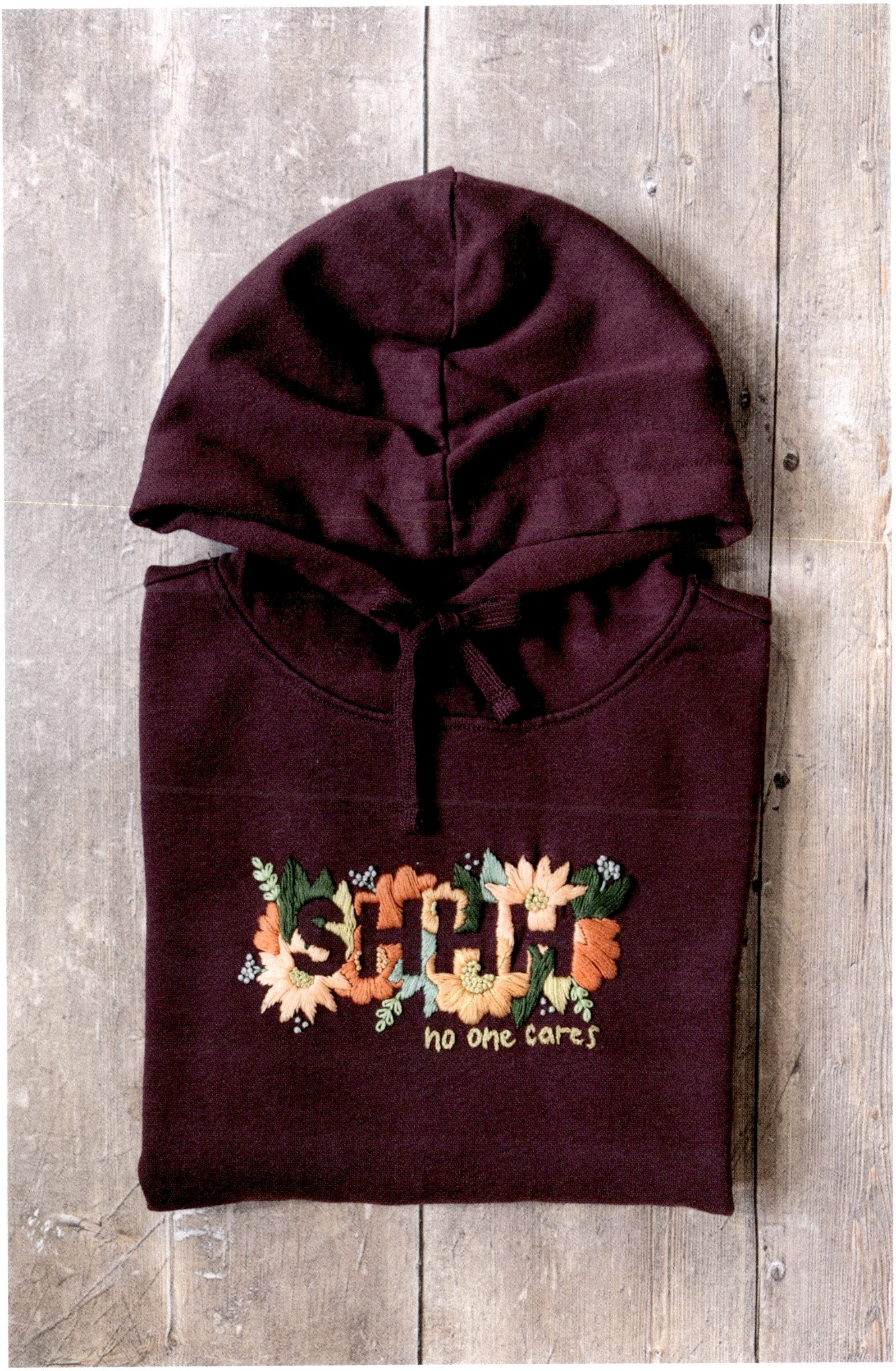
SHHH
no one cares

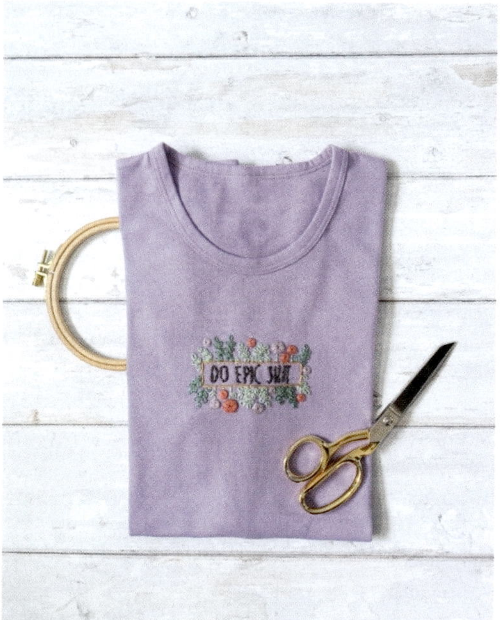
DO EPIC SHIT

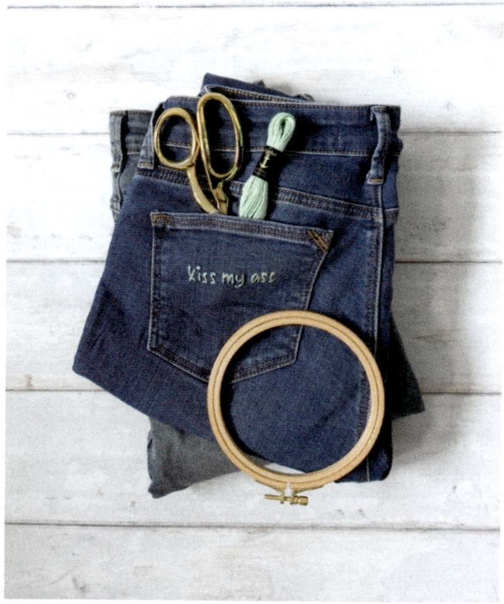
kiss my ass

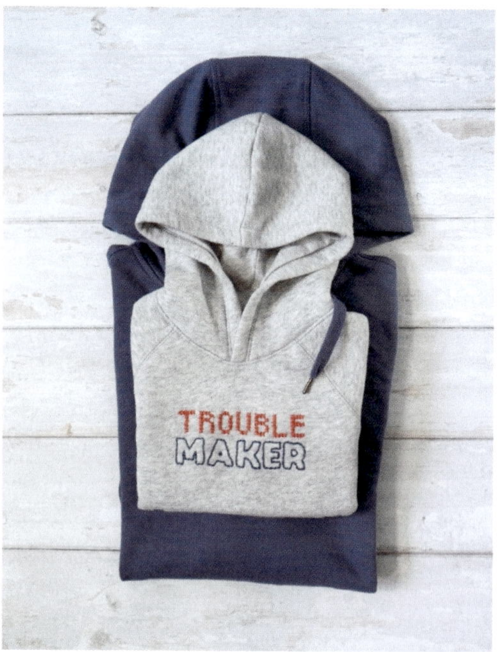
TROUBLE
MAKER

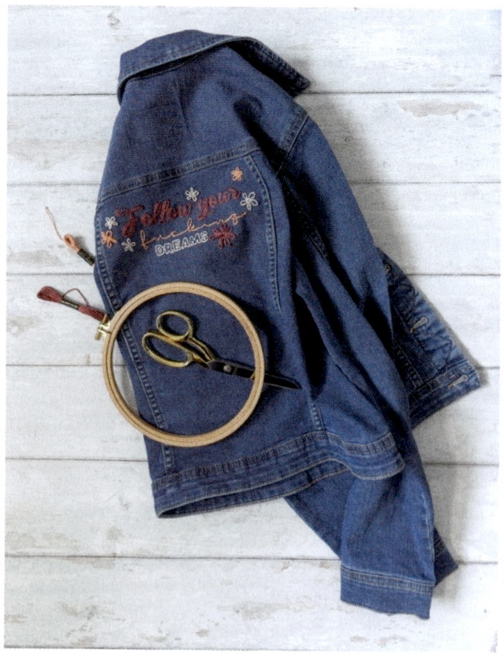
Follow your
fucking
DREAMS

Inhalt

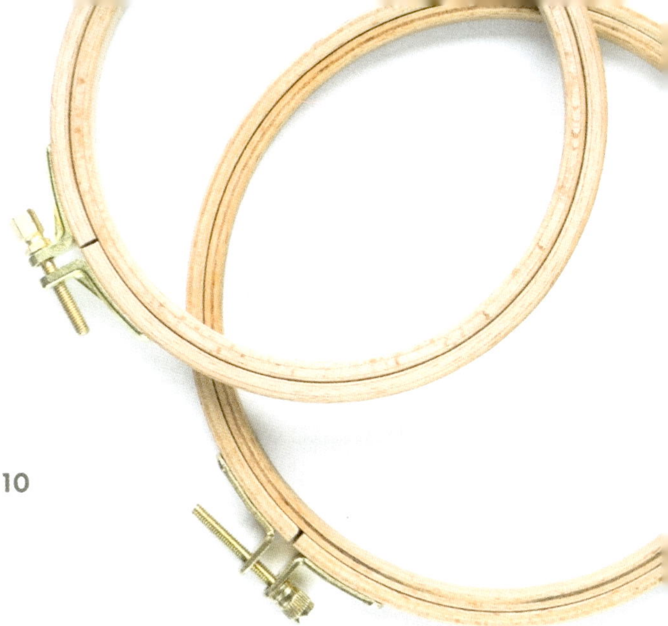

Über die Autorin

DER KREATIVE KOPF HINTER DEM BUCH

LOUISE

Ich bin Grafikdesignerin, Kreativ-Bloggerin, Mama und Autorin der Bücher „Liebevoll bestickt" & „ Festlich bestickt".

In meiner Familie wurde schon immer kreativ gearbeitet. Meine Eltern haben mir von Anfang an das Nähen und die kreative Arbeit nahegebracht. Wirklich intensiv mit dem Nähen und Sticken angefangen habe ich vor rund zehn Jahren. Mittlerweile habe ich mein eigenes Label Lieselou und veröffentliche Anleitungen, Videotutorials und Vorlagen für Stickanfänger*innen auf meinem Blog und auch auf Etsy.

Kreativ sein, Menschen inspirieren und Wissen vermitteln! Genau das möchte ich! Aus diesem Grund schreibe ich Bücher und entwickle Konzepte sowie Anleitungen für große Marken aus der Handarbeitsbranche wie Prym, Makerist, Snaply, Burda und Pfaff.

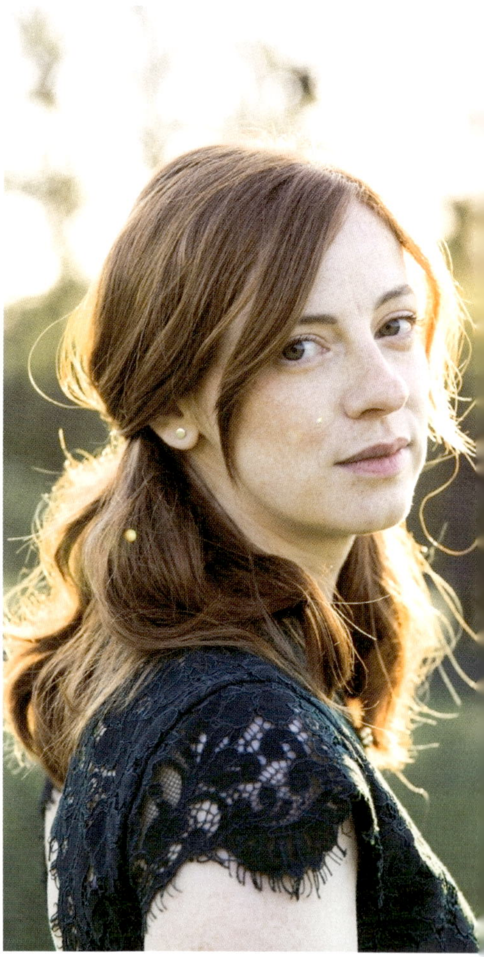

BESUCH MICH AUF INSTAGRAM
@LIESELOU.DIY

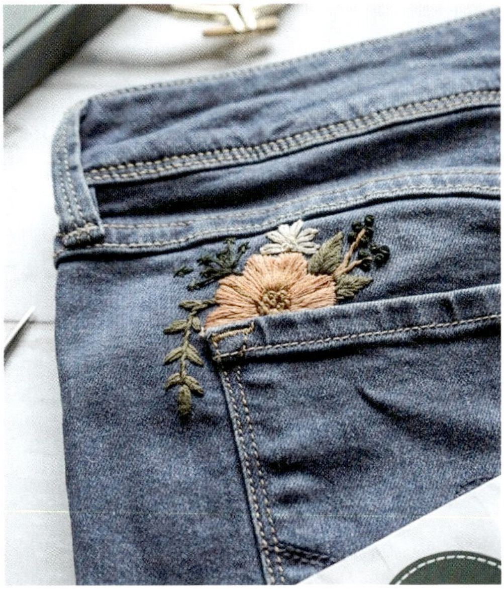

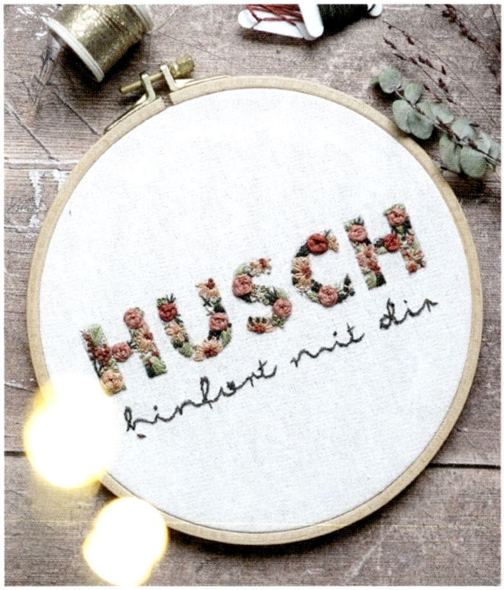
HUSCH
hinfort mit dir

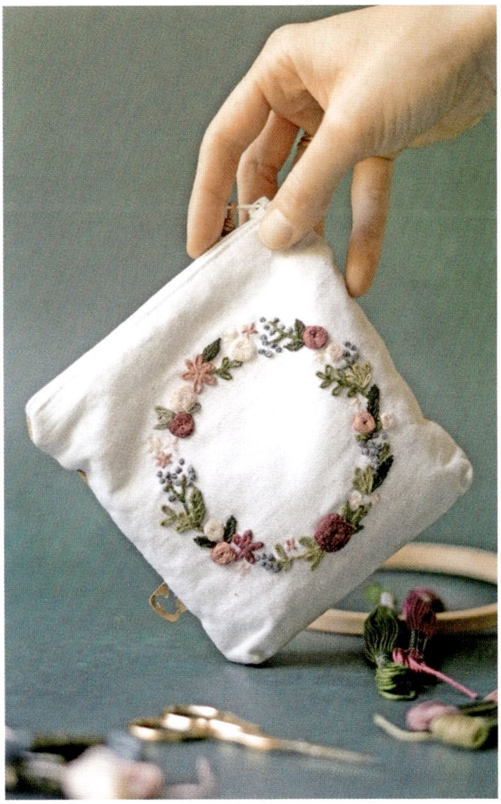

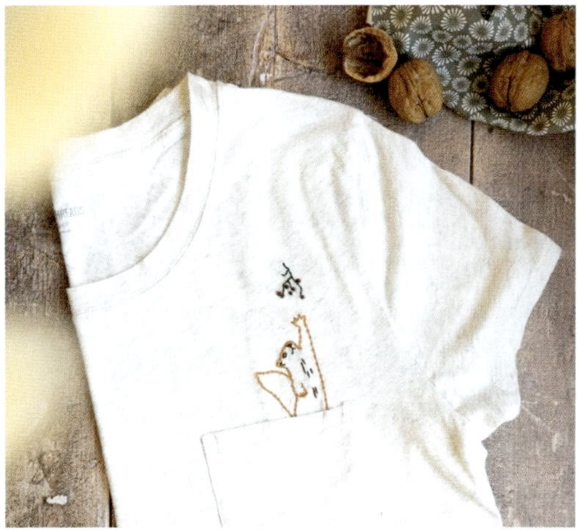

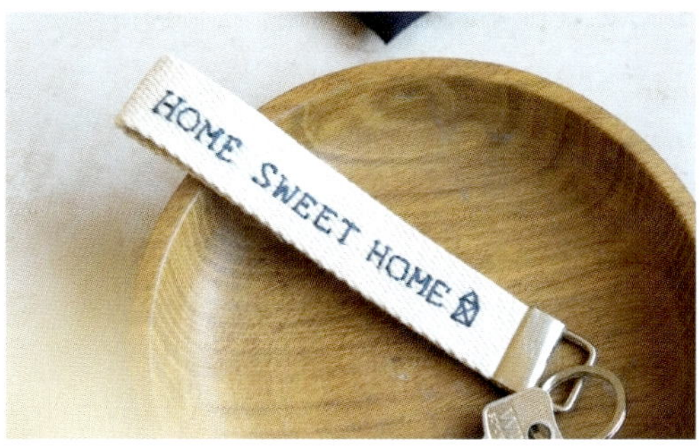
HOME SWEET HOME

GRUNDLAGEN & Technik

Welche Stoffe eignen sich?

Grundsätzlich kann man sagen, dass sich fast alle Stoffe besticken lassen. Bei manchen funktioniert das sehr gut, bei anderen braucht man ein wenig Übung. Soll deine Stickerei auf ein Kleidungsstück oder einen Gebrauchsgegenstand gestickt werden, solltest du darauf achten, die Rückseite durch ein Innenfutter oder ein Vlies zu schützen, da sonst die Möglichkeit besteht, dass sich einzelne Fäden lösen und deine Arbeit auseinanderfällt.

Webware

Dieses Material ist besonders gut zum Sticken geeignet. Das gleichmäßige Gewebe aus Längs- und Querfäden ist besonders stabil. Webware bezeichnet alle nicht dehnbaren Stoffe. Sie ist also nicht elastisch und behält so ihre Form, wie z. B. Musselin, Popeline oder, der für Jeansstoff typische, Köper. Auch Stoffschuhe, Taschen und Rucksäcke sind aus Webware hergestellt und eignen sich besonders gut für eine kleine Stickerei.

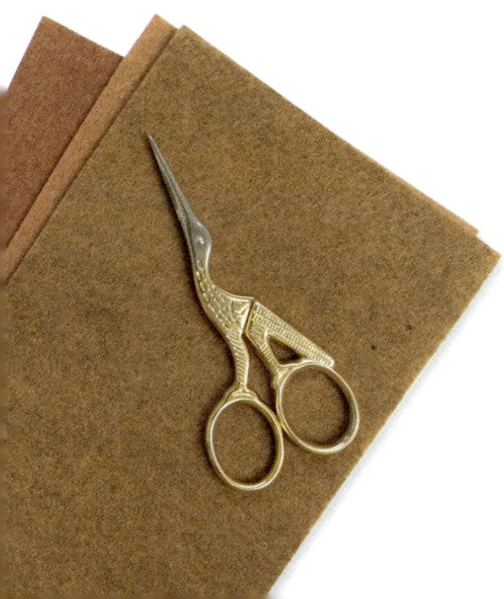

Maschenware

Elastische Stoffe, wie Jersey und Sweat, brauchen ein bisschen mehr Beachtung. Maschenware besteht aus Garnschlingen, die ineinander verschlungen werden. Das macht das Material elastisch. Hier solltest du darauf achten, den Faden nicht zu stark anzuziehen und lange Stiche zu vermeiden. Das Motiv könnte sich sonst entweder beulen oder von deinem Kleidungsstück abstehen und sich gegebenenfalls verhaken. Für die Rückseite empfehle ich dir, bei Kleidung nach dem Sticken immer ein Vlies aufzubügeln. Das verhindert das Beschädigen deiner Stickerei und verwahrt auch störende Knötchen, die auf der Haut reiben könnten.

Strick und Wolle

Beim Sticken auf Strickware solltest du unbedingt darauf achten, den Faden nicht so stark anzuziehen. Das Material ist sehr elastisch. Wenn du die Stiche zu straff setzt, kann beim Tragen oder Anziehen deines Kleidungsstücks der Faden reißen. Es macht sich ebenfalls gut, wenn du für Strickware auch einen entsprechend dickeren Faden wie Wolle, z. B. Strickgarn, verwendest. So kann der Faden nicht so leicht zwischen die großen Maschen rutschen.

Filz

Im Gegensatz zu Webstoffen franst Filz nicht aus. Er lässt sich einfach verarbeiten und ist in vielen Farben und Stärken erhältlich.

MATERIAL & ZUBEHÖR

Stickgarn

Es gibt viele unterschiedliche Stickgarne. Baumwoll-Sticktwist, Perlgarn, Metallicgarn oder auch Wolle.

Für die Projekte in diesem Buch verwende ich hauptsächlich Baumwoll-Sticktwist. Das Garn ist für die meisten Stickarbeiten hervorragend geeignet. Es besteht aus sechs einzelnen Fäden, die miteinander verzwirnt werden. Das Garn kann als ganzer Strang oder auch in einzelne Fäden geteilt verarbeitet werden. Je weniger Fäden, desto filigraner wird die Arbeit.

Perlgarn hingegen kann nicht getrennt werden. Es wird allerdings in verschiedenen Stärken angeboten. Eine weitere Eigenschaft ist seine glänzende Oberfläche.

Farbechtheit prüfen

Achte darauf, dass du, bei der Arbeit mit Kleidungsstücken, ein qualitativ hochwertiges Garn verwendest. Preisgünstige Garne sind oft nicht farbecht und können bei der Wäsche abfärben. Teste die Echtheit ggf. auf einem kleinen Stück Stoff.

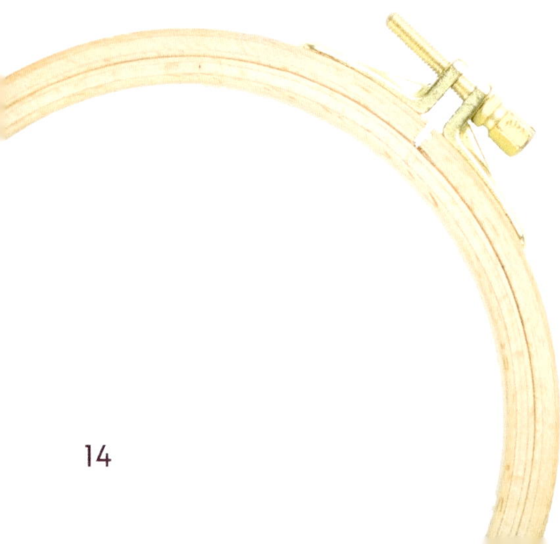

Stickrahmen

Der Stickrahmen hilft dir dabei, das Gewebe glatt und straff zu halten, damit es sich nicht zusammenzieht. Die Rahmen gibt es in vielen Formen und unterschiedlichen Größen. Der Stickrahmen ist besonders für Anfänger*innen ein wichtiges Hilfsmittel, kann aber bei sehr stabilen Stoffen auch weggelassen werden. Du solltest die Größe so wählen, dass möglichst das ganze Motiv in den Rahmen passt.

Nadeln

Welche Nadel ist die richtige? Es gibt eine ganze Reihe unterschiedlicher Nadeln in verschiedenen Längen und Stärken, mit langem oder kurzem Öhr, Nadeln mit Spitze oder ohne.

Nadel mit Spitze

Eine spitze Nadel hat ein längliches Öhr und eine scharfe Spitze, sie eignet sich besonders gut für Webware.

Nadel ohne Spitze

Eine stumpfe Nadel hat meist ein breiteres Öhr und ist etwas dicker als eine spitze Nadel. Sie ist vorne stumpf und wird für elastische Stoffe, wie z. B. Jersey, verwendet.

Schere

Eine Stickschere gehört zur Grundausstattung, wenn du sticken möchtest. Sie ist klein und spitz und somit perfekt geeignet, um Fäden möglichst dicht und präzise abzuschneiden. Auch eine Stoffschere ist hilfreich.

MATERIAL & ZUBEHÖR

Nützliche Helfer

Trickmarker
Diese Stifte gibt es in unterschiedlichen Farben und Stärken. Sie enthalten eine Tinte, die nach einer gewissen Zeit verblasst. Diese Stifte sollten also nicht verwendet werden, wenn du mehrere Tage an deinem Projekt arbeitest. Sie werden auch Phantomstift oder Sublimatstift genannt.

Markier- & Löschstift
Die Tinte dieser Stifte verschwindet beim Waschen.

Hitzestifte
Die Farbe verschwindet bei Einwirkung von Hitze, wie z. B. durch den Föhn oder das Bügeleisen. Ich verwende gern den Frixion Ball Pen von Pilot.

Kreidestifte
Für Markierungen auf dunklen Stoffen bestens geeignet. Nach der Arbeit lassen sie sich einfach mit dem Bürstchen wegwischen.

Transferpapier
Zum Übertragen der Vorlage auf den Stoff. Sowohl für helle als auch für dunkle Stoffe verfügbar.

Spindeln für Garn
Diese solltest du mit der Farbnummer beschriften.

Aufbewahrungsboxen
Eignen sich perfekt für die Spindeln und das Kleinzubehör.

Maßband und Lineal

Fingerhut

Nadelgreifer

Stecknadeln und Stoffklammern

Textilkleber

Bügeleisen

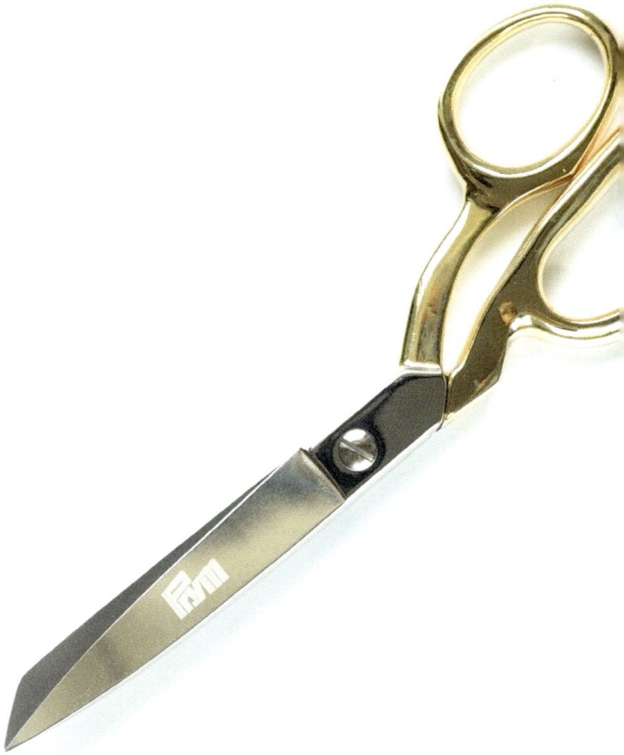

Weitere nützliche Helfer

Wasserlösliches Vlies
Zum Übertragen von Vorlagen (Solufix).

Elastische Bügeleinlage
Zum Schutz der Rückseite von elastischen Stoffen (H 609).

TECHNIK & STICKSTICHE

Vorlage verkleinern / vergrößern

Um ein Motiv zu verkleinern oder zu vergrößern, erstellst du mit dem Fotokopierer eine Kopie und gibst an, um wie viel Prozent du das Motiv verändern möchtest.

Vorlage übertragen

Für das Übertragen der Motive gibt es unterschiedliche Möglichkeiten.

Gegen eine Lichtquelle zeichnen

Am besten funktioniert das, wenn du bei Tageslicht die Vorlage zusammen mit dem Stoff vor eine Fensterscheibe hältst. Diese Technik eignet sich für helle und dünne Stoffe.

Transferpapier

Hier legt man das Transferpapier zwischen den Stoff und die zu übertragende Vorlage. Anschließend wird das Motiv mit einem stumpfen Gegenstand nachgezeichnet und so übertragen. Dazu sollte zuerst eine Kopie der Vorlage gemacht werden, da das Papier beim Übertragen reißen kann.

Wasserlösliches Vlies

Das Vlies auf die Vorlage legen und das Motiv abpausen. Anschließend auf die gewünschte Stelle kleben und nach der Arbeit auswaschen.

Bügeln

Kleidungsstücke mit einer Stickerei sollten immer von der Rückseite gebügelt werden. Das Bügeleisen auf die empfohlene Temperatur des Kleidungsstücks einstellen und mit Dampf bügeln. Die Stickerei sollte mit wenig Druck und ohne Reibung gebügelt werden, damit sie nicht gequetscht wird.

Stickrahmen spannen

Dafür öffnest du die Schraube und trennst die beiden Ringe. Anschließend wird der Stoff über den inneren Ring gelegt und der äußere Ring (mit Schraube) übergestülpt. Achte darauf, dass der Stoff dabei möglichst glatt liegt und leicht unter Spannung steht.

Sticken ohne Stickrahmen

Ist das Material sehr fest, wie z. B. Canvas oder Jeans, benötigst du keinen Stickrahmen. Hier solltest du aber darauf achten, die Fäden nicht zu fest anzuziehen, da sich dein Stickbild sonst verziehen kann. Bei dünneren Stoffen empfehle ich ein Stickvlies für mehr Stabilität.

Arbeit mit dem Faden

Faden teilen

Schneide ein ca. 40–50 cm langes Stück Garn ab. Teile an einem Ende die Fäden in die gewünschte Zahl und ziehe sie heraus. Es empfiehlt sich, die Fäden einzeln herauszuziehen und zur gewünschten Stärke zusammenzulegen.

Stickerei beginnen

Schneide ein ca. 25 cm langes Stück Sticktwist zu. An einer Seite bindest du einen Knoten. Das andere Ende fädle durch das Nadelöhr deiner Sticknadel.

Stickerei beenden

Wenn du einen Stich beenden möchtest, kannst du auf der Rückseite entweder einen Knoten binden oder den Faden mit dem letzten Stich vernähen. Dieser Trick empfiehlt sich, wenn die Rückseite möglichst flach sein soll. Anschließend den Faden abschneiden.

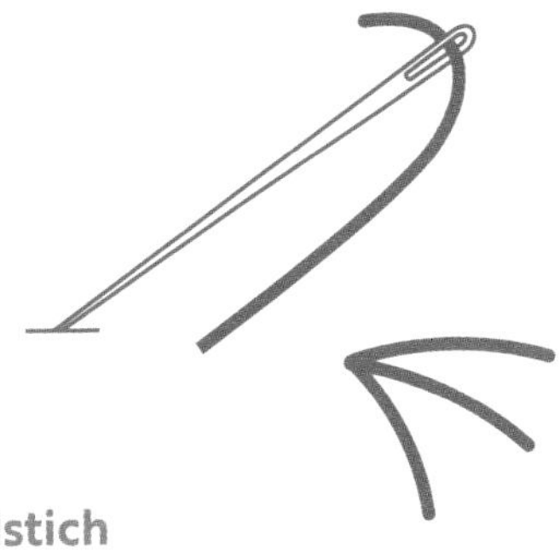

Geradstich

Die Nadel von unten nach oben durch den Stoff stechen und in dem gewünschten Abstand wieder von oben nach unten in den Stoff stechen.

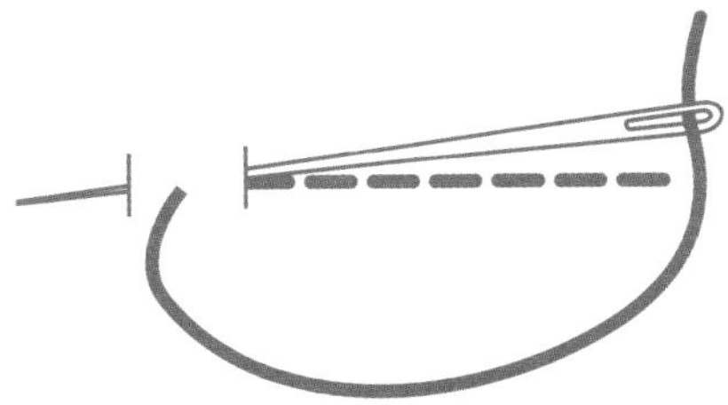

Rückstich

Er besteht aus gleich langen Stichen, die auf der Vorderseite zurück und auf der Unterseite nach vorne gestochen werden. Die Nadel ein paar Millimeter voraus der vorhergehenden Ausstichstelle von unten nach oben durch den Stoff stechen. Die Nadel dann von oben nach unten wieder an der Ausstichstelle einstechen.

Vorstich

Die Nadel von unten nach oben durch den Stoff stechen. Am nächsten Punkt von oben nach unten und in gleichmäßigen Abständen so weiterführen. Dieser Stich wird auch zum „Heften" zweier Stoffteile verwendet.

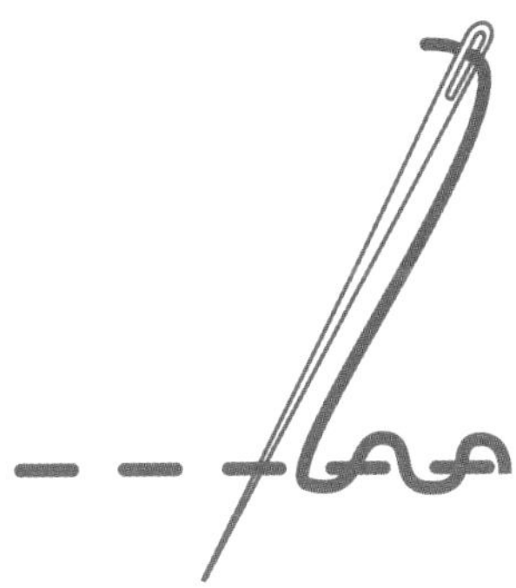

Umwickelter Vorstich

In gleichmäßigen Abständen die Nadel von oben nach unten durch den Stoff und wieder zurück stechen (Vorstich). Die Nadel dann einmal von unten nach oben durch den Stoff stechen und dann immer von der gleichen Seite durch die zuvor gesetzten Schlaufen der Vorstiche ziehen. Dabei nicht in den Stoff stechen.

Tipp
Besuche meinen Blog!
Da findest du viele der Stiche als Videoanleitung.
www.lieselou.com

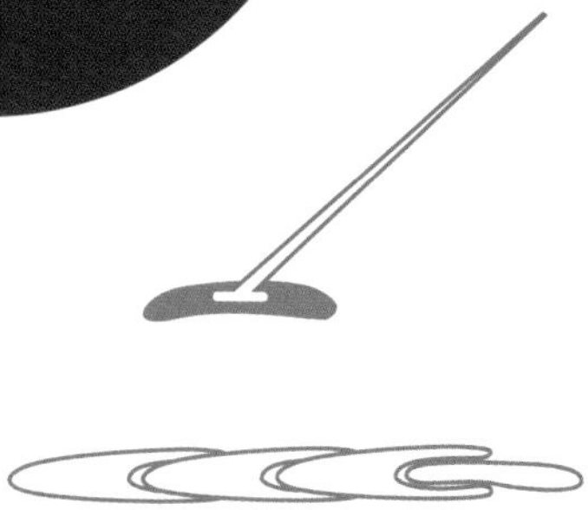

Spaltstich

Die Nadel von unten nach oben durch den Stoff stechen. Am nächsten Punkt von oben nach unten. Im nächsten Schritt wird die Nadel nach der Hälfte des vorherigen Stichs von unten nach oben mitten durch das Garn gestochen.

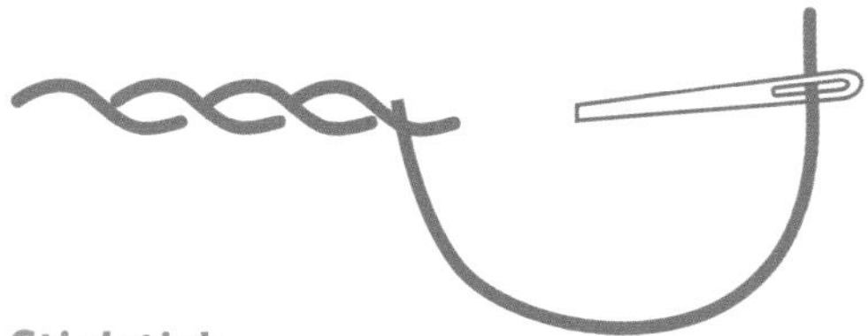

Stielstich

Die Nadel am Anfang von unten nach oben durch den Stoff stechen. Anschließend einen langen Stich nach vorne und die Nadel von oben nach unten durch den Stoff führen. Bei der Hälfte des langen Stiches kommt die Nadel dann wieder nach oben. (Der Faden wird nicht geteilt.)

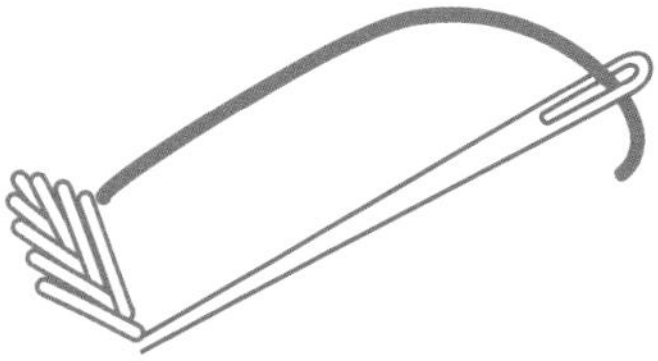

Grätenstich

Als Erstes wird ein gerader Stich am oberen Teil der Mittellinie gestickt. Dann die Nadel von links oben über den gesetzten Stich führen und leicht nach rechts unten versetzt wieder in den Stoff stechen. Auf der anderen Seite von rechts nach links über den letzten Stich wiederholen. So entsteht die Grätenform.

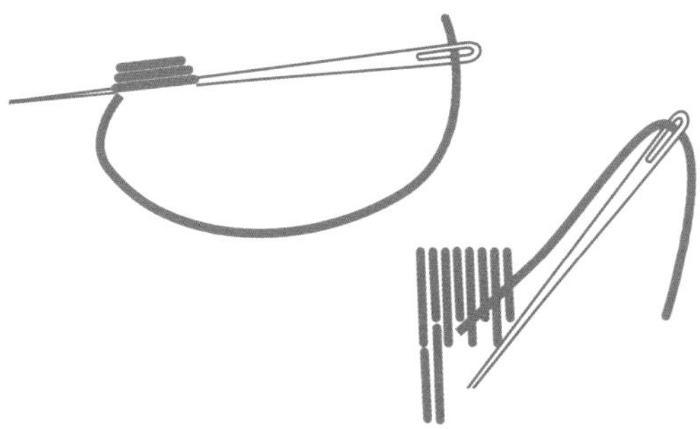

Plattstich / versetzter Plattstich

Der Plattstich wird bei geraden, länglichen oder runden Formen angewendet. Er besteht aus dicht aneinandergelegten Stichen. Es kommt darauf an, die Stiche so gleichmäßig anzuordnen, dass die Oberfläche als glatte Fläche erscheint. Für den versetzten Plattstich wird in der ersten Reihe abwechselnd ein kurzer und ein langer Stich gesetzt. In der darauffolgenden Reihe die Stiche versetzt zueinander setzen.

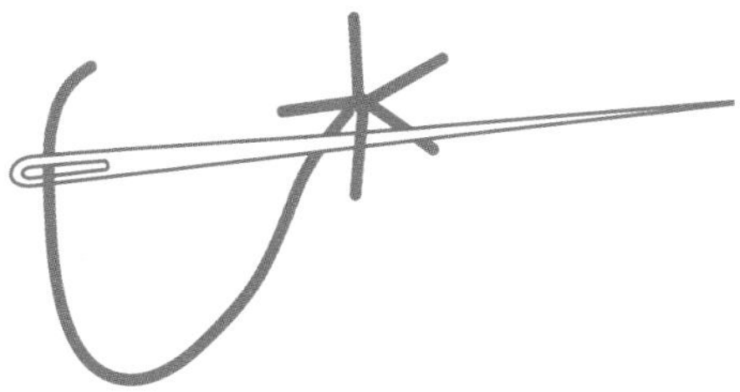

Gewebte Rose

Zuerst werden die Ankerstiche gestickt. Diese müssen eine ungerade Zahl ergeben, z. B. 5 oder 7. Dann die Nadel in der Mitte von unten nach oben stechen und ringsum abwechselnd über und unter die Ankerstiche führen. Dabei nicht in den Stoff stechen.

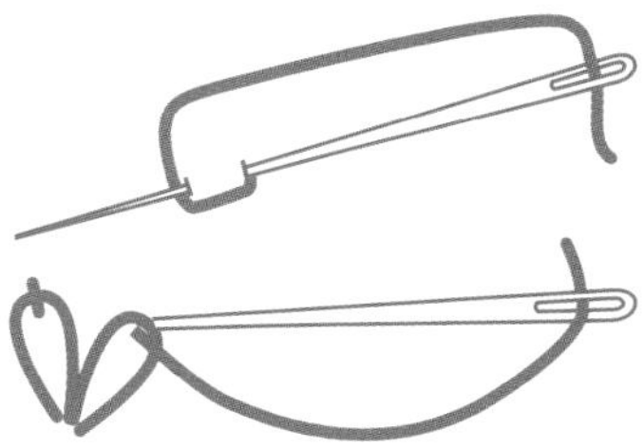

Margeritenstich

Die Nadel von unten durch den Stoff stechen, eine Schlinge bilden und dicht neben der Ausstichstelle wieder einstechen. Innerhalb der Schlinge von unten nach oben stechen und die Schlaufe mit einem kleinen Stich fixieren.

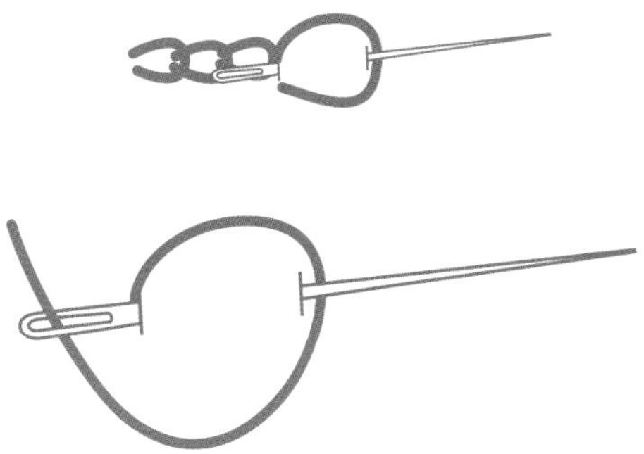

Kettstich / Kettenstich

Wie beim Margeritenstich sticht die Nadel von unten nach oben durch den Stoff. Dann eine Schlinge bilden und dicht neben der Ausstichstelle wieder einstechen. Innerhalb der Schlinge von unten nach oben stechen und den letzten Schritt wiederholen. Der Faden sollte nicht zu straff angezogen werden, damit die gebildeten Schlingen schön rund verlaufen.

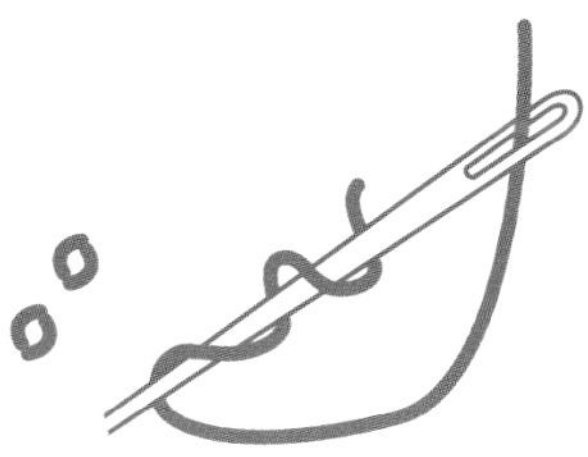

Knötchenstich

Die Nadel sticht von unten durch den Stoff, anschließend wickelt man den Faden unmittelbar am Ausstich zweimal oder mehrere Male um die Nadel und sticht dann knapp neben dem Ausstich wieder ein. Wie oft der Faden um die Nadel gewickelt wird, richtet sich danach, wie groß das Knötchen werden soll.

Oberteile

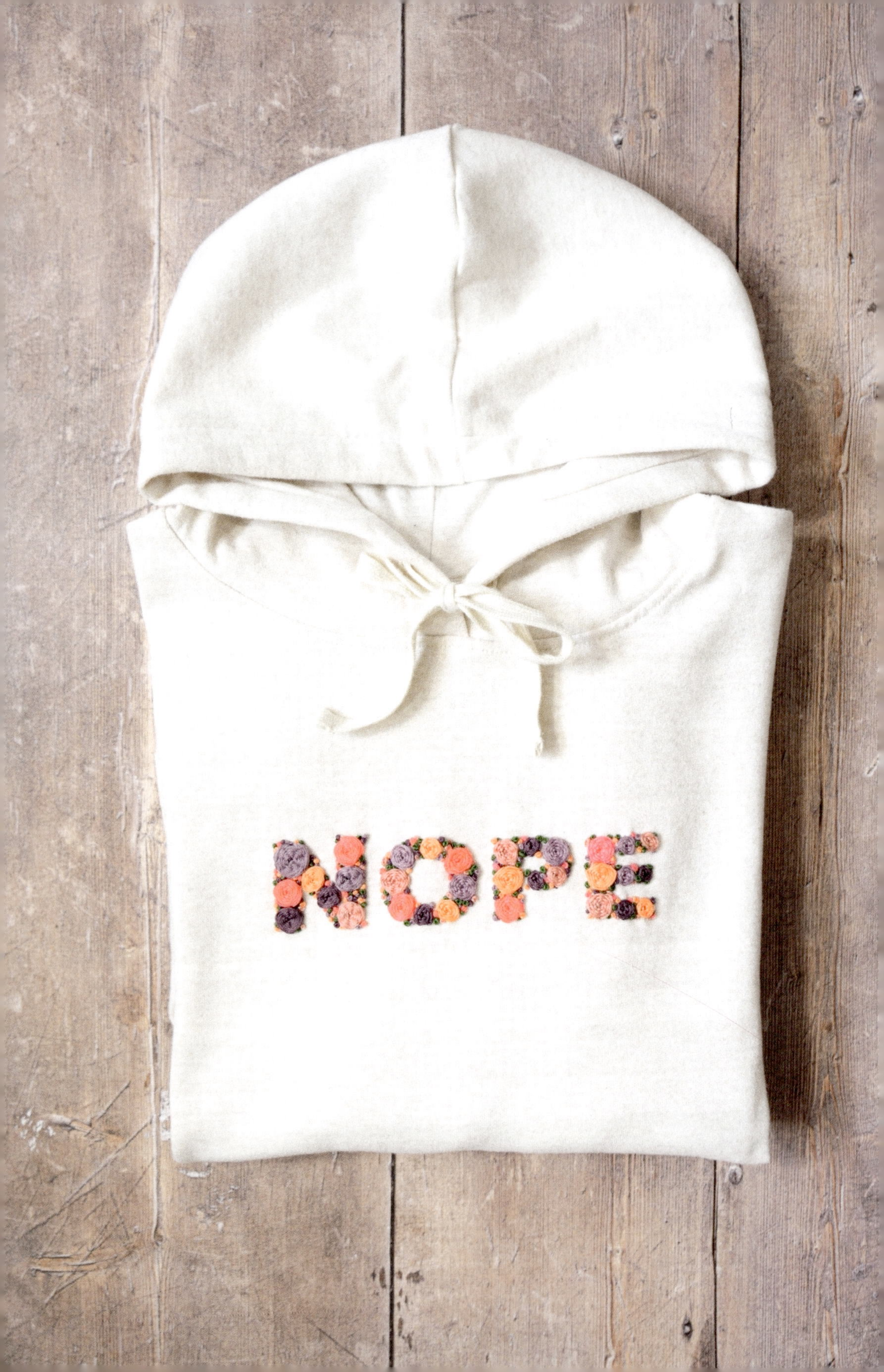
NOPE

NOPE

Schwierigkeitsgrad
Nimm dir ein bisschen Zeit

„Nope" – ein floraler Schriftzug auf einem Hoodie, der eine klare Botschaft sendet. Dieses kurze und knappe Wort sagt mehr als tausend Worte. Es ist ein Ausdruck von Ablehnung, Entschlossenheit oder einfach nur ein spielerischer Ausdruck von Unwillen. Egal, was es bedeutet, dieser Schriftzug auf einem Pullover wird definitiv die Aufmerksamkeit auf sich ziehen und eine starke Aussage machen.

Material

- Nadeln OHNE Spitze No. 18–24
- Stickschere
- Hoodie in Wunschgröße
- Stickrahmen (Ø 13 cm)
- Wasserlösliches Vlies (Solufix)

Stiche & Garnstärke

- Gewebte Rose (6 Fäden)
- Knötchenstich (6 Faden)

Sticktwist nach Wahl

Im Beispiel verwendet: Anchor
Neon 105, 268, 895, 871, 328, 873

- Stickvorlage auf Seite 119

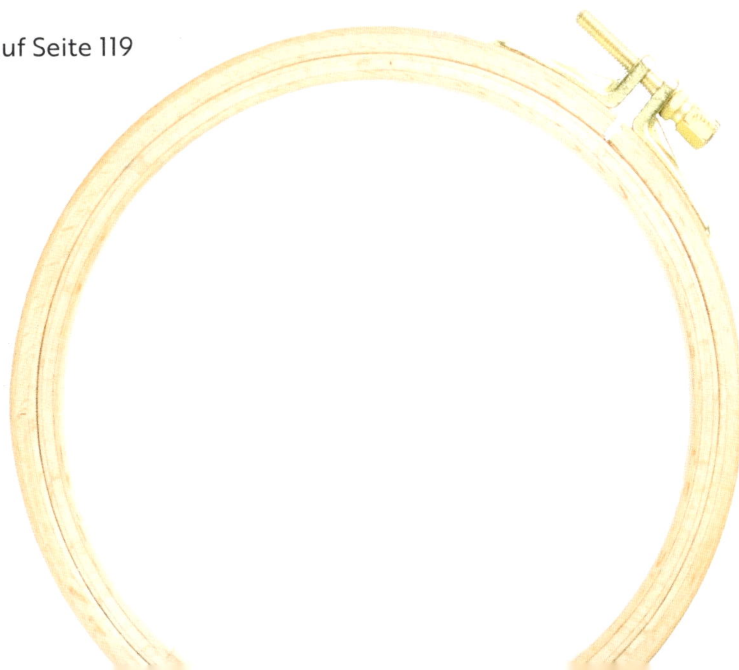

NOPE

1

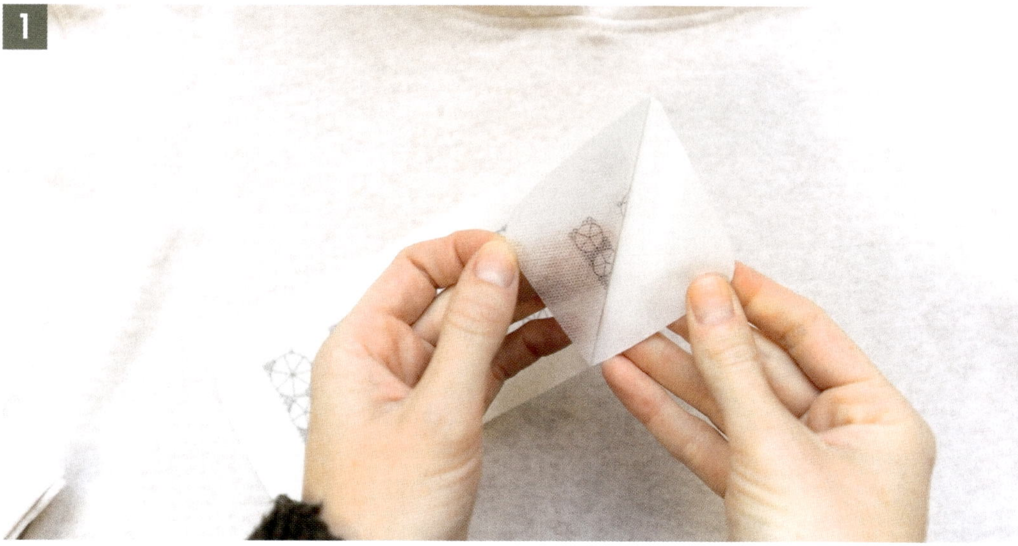

Übertrage die Vorlage auf das Solufix und positioniere das Motiv auf Brusthöhe deines Hoodies. Entferne die Schutzfolie und klebe das Vlies fest.

2

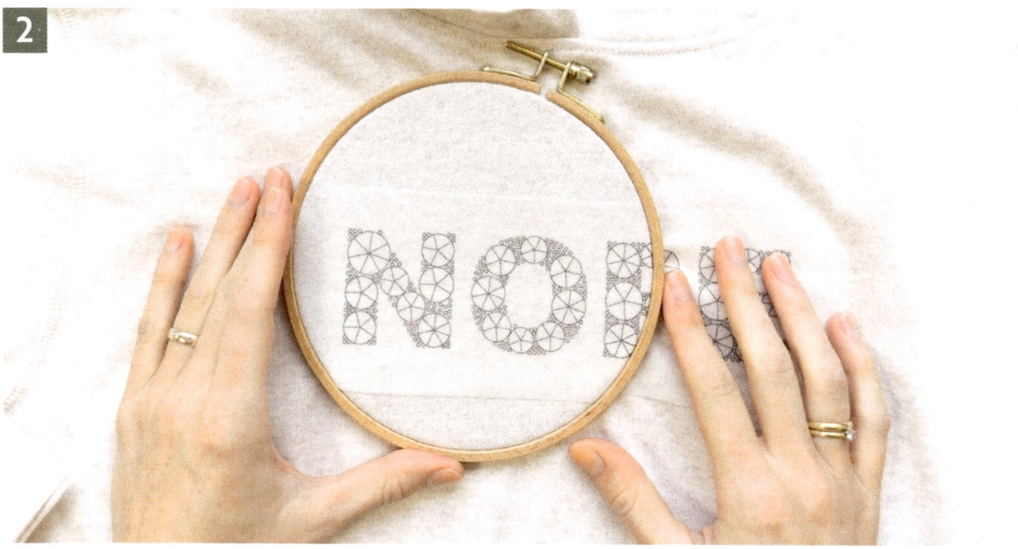

Im nächsten Schritt wird der Stoff in den Stickrahmen gespannt. Dafür die Schraube öffnen und die Ringe trennen. Den Stoff über den inneren Ring legen und den äußeren Ring (mit Schraube) überstülpen. Achte darauf, dass der Stoff dabei möglichst glatt liegt und nur ganz leicht unter Spannung steht.

3

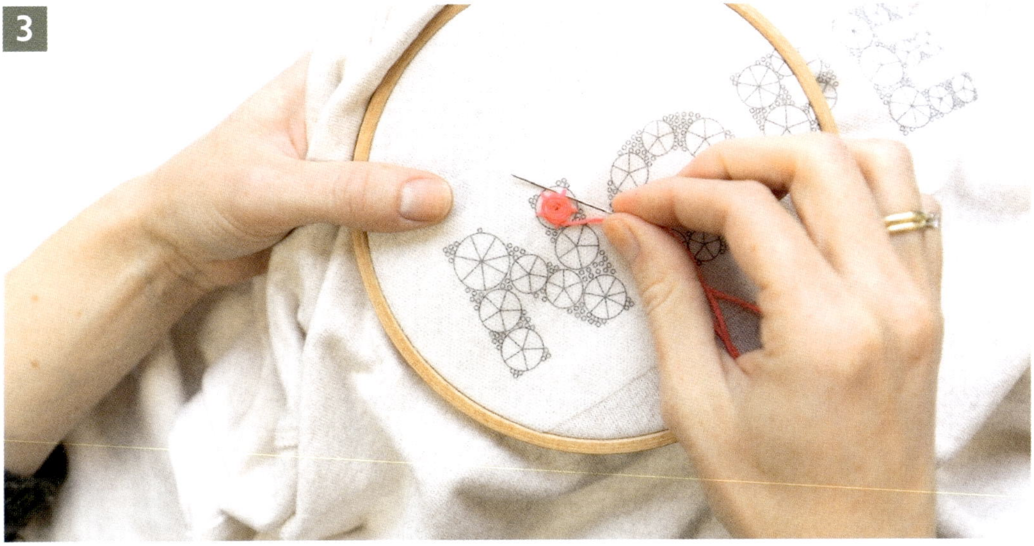

Beginne die Stickerei mit der gewebten Rose (Seite 19). Die Rose erhält noch mehr Plastizität, wenn du sie im Anschluss mit Geradstichen umrundest. Diese sollten möglichst dicht an der Rose entlangführen.

4

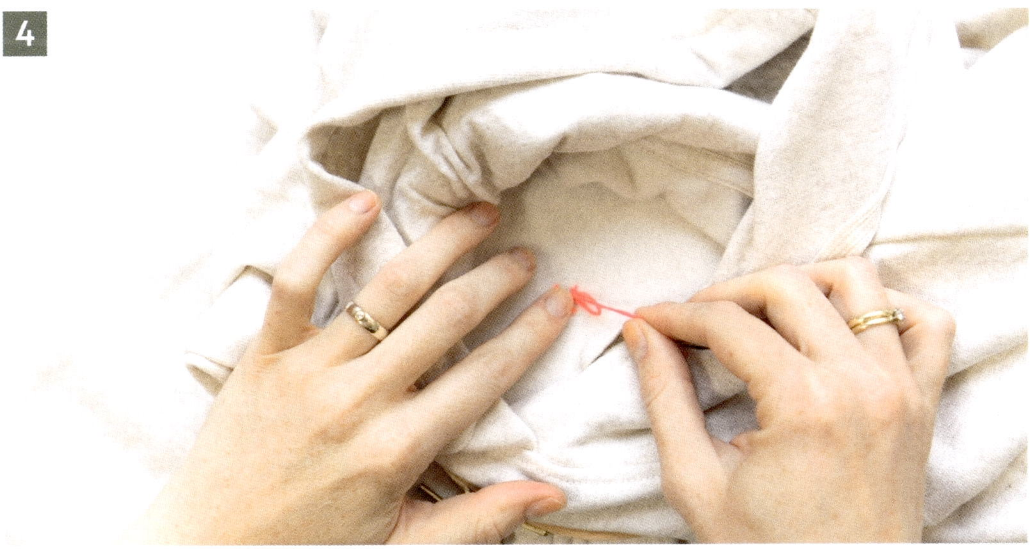

Wenn dein Faden einer Länge von weniger als 5 cm erreicht hat, verknotest du ihn auf der Rückseite und setzt neu an.

NOPE

5

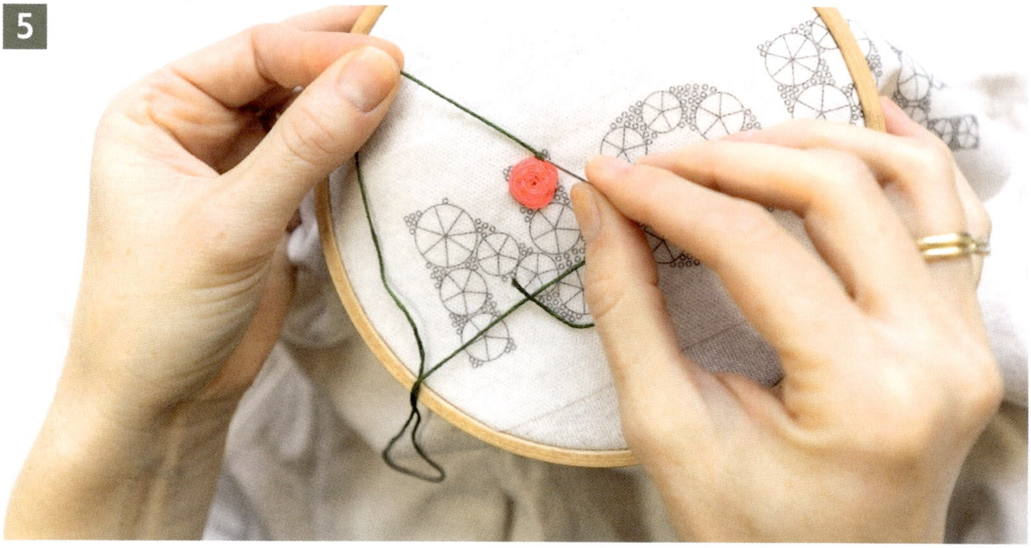

Die kleinen Punkte werden mit dem Knötchenstich gestickt (Seite 19).

6

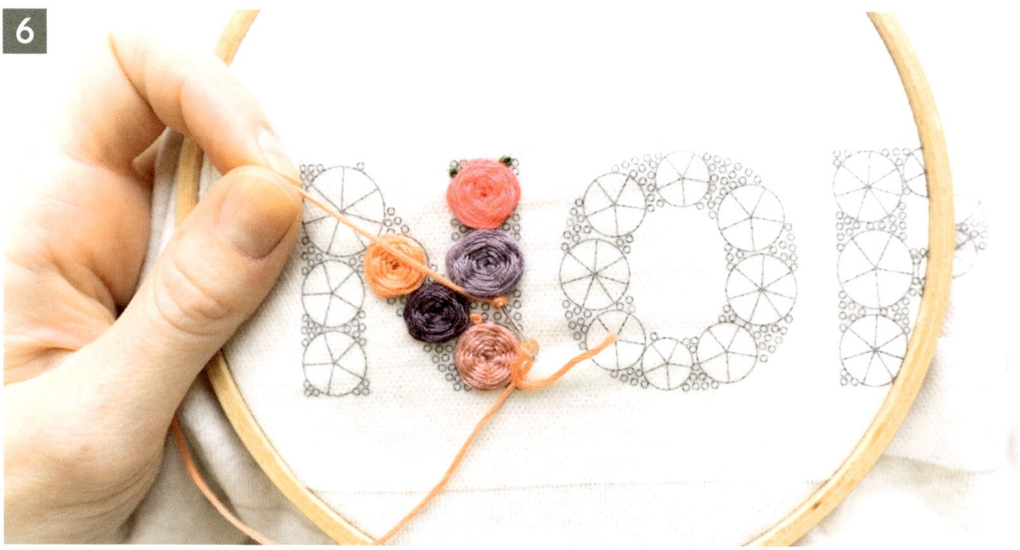

Die einzelnen Rosen und Knötchen werden in unterschiedlichen Farben gestickt.

7

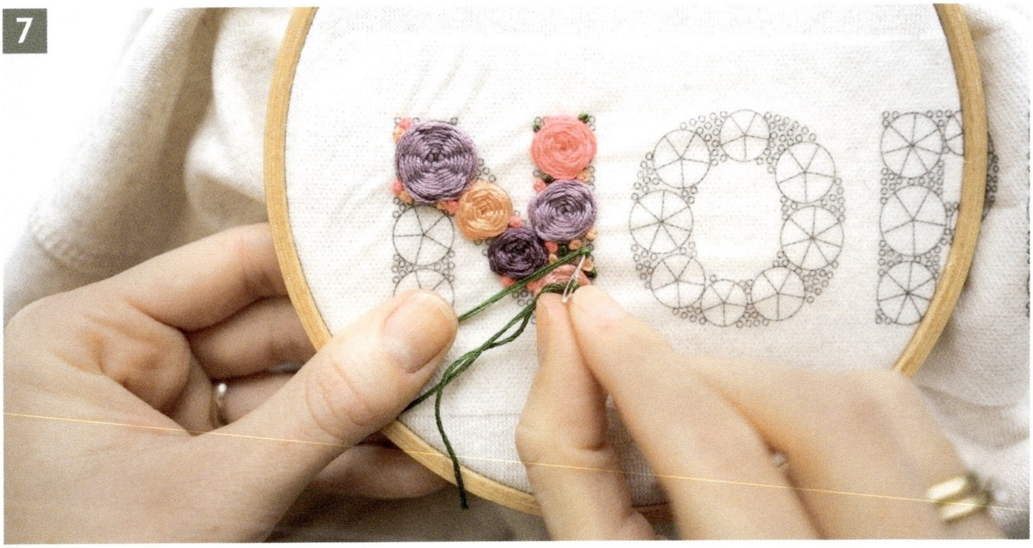

Achte darauf, die Knötchen und Rosen möglichst dicht aneinander zu setzen und fülle gegebenenfalls die Lücken mit zusätzlichen Knötchen aus.

8

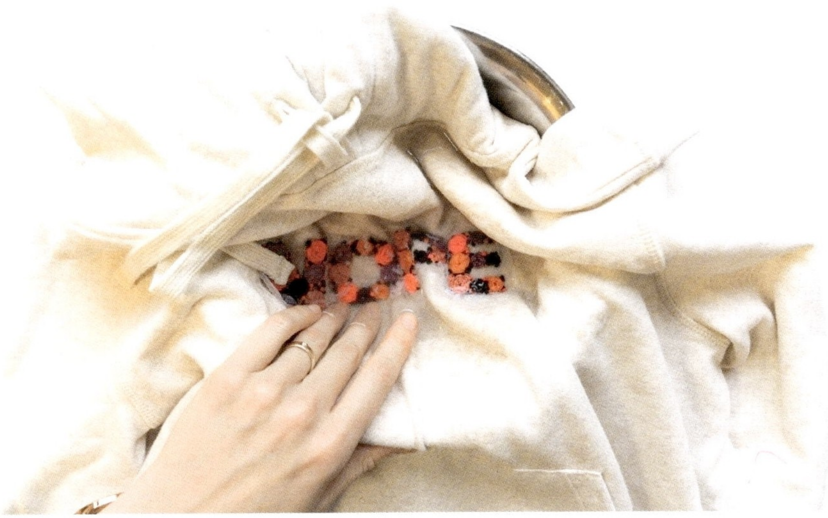

Das Solufix auswaschen und fertig ist dein Hoodie mit Schriftzug. Um die Rückseite deiner Stickerei zu schützen, empfehle ich dir, ein elastisches Vlies aufzubügeln, zum Beispiel die Bügeleinlage H 609 von Vlieseline.

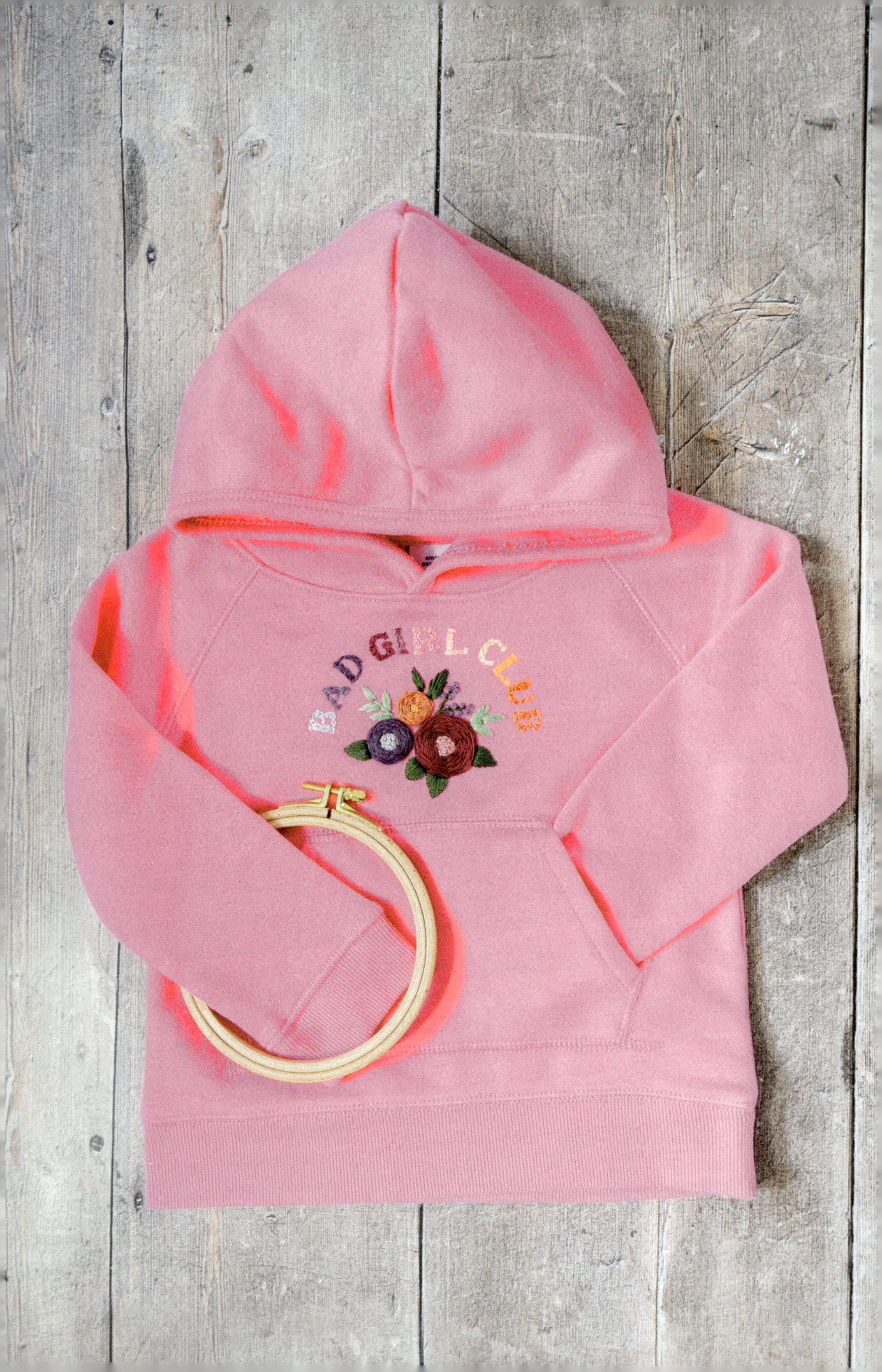
BAD GIRL CLUB

BAD GIRL CLUB

Schwierigkeitsgrad
Das schaffst du locker

Diese Worte zeigen eine rebellische Haltung und vermitteln, dass man sich nicht an gesellschaftliche Normen oder Erwartungen hält. Dieser Schriftzug auf einem Pullover ist ein Statement, das Stärke und Selbstsicherheit ausdrückt. Es ist eine Einladung, sich der Gruppe anzuschließen und stolz zu sein, anders zu sein.

Material

- Nadeln OHNE Spitze No. 18–24
- Stickschere
- Hoodie in Wunschgröße
- Stickrahmen (Ø 13 cm)
- Wasserlösliches Vlies (Solufix)

Stiche & Garnstärke

- Plattstich (3 Fäden)
- Stielstich (6 Fäden)
- Gewebte Rose (6 Fäden)
- Knötchenstich (6 Faden)

Sticktwist nach Wahl

Im Beispiel verwendet: Anchor 869, 873, 872, 897, 1019, 895, 868, 886, 1002, 1049, 884, 261, 269

- Stickvorlage auf Seite 110

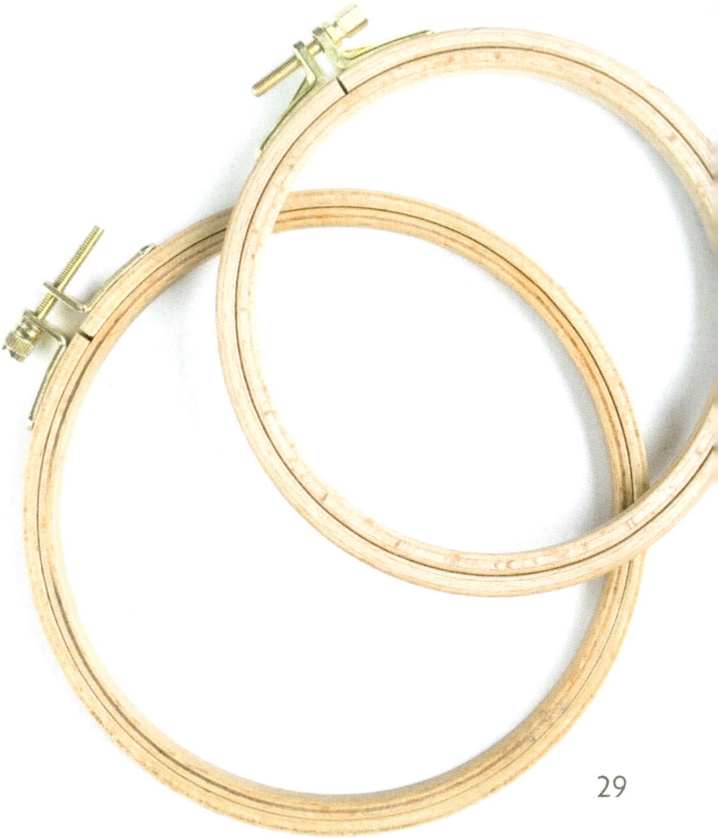

BAD GIRL CLUB

1

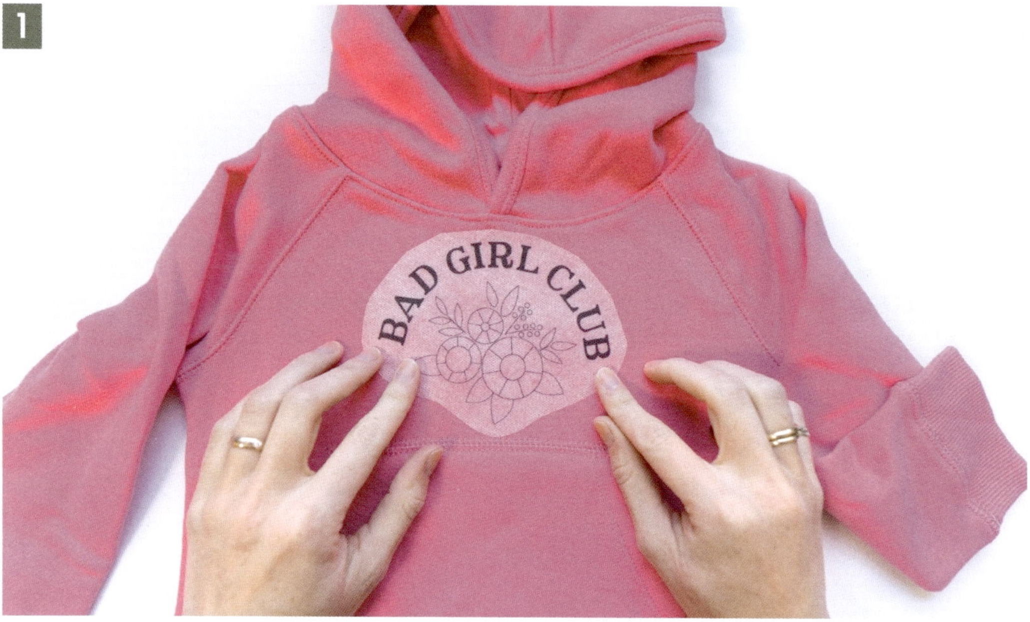

Übertrage die Vorlage auf das Solufix und positioniere das Motiv auf Brusthöhe deines Hoodies. Entferne die Schutzfolie und klebe das Vlies fest.

2

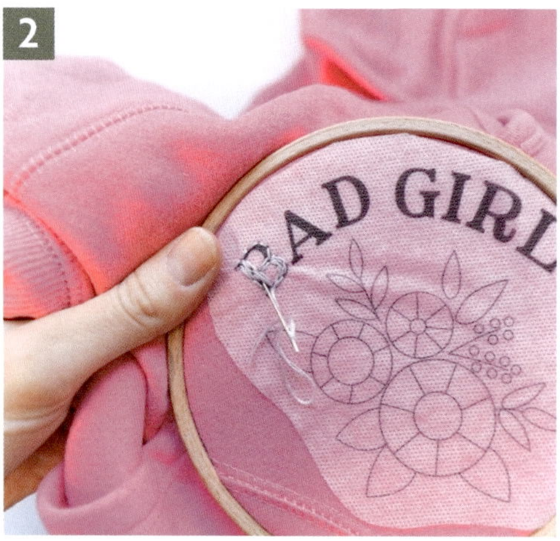

Die Buchstaben im oberen Teil werden mit dem Plattstich gestickt.

3

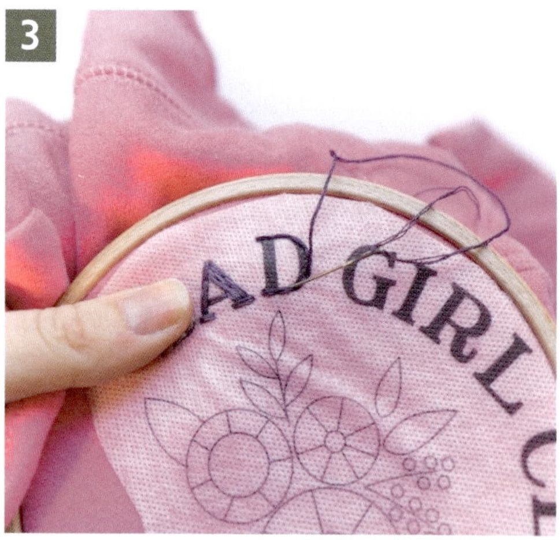

Jeder Buchstabe wird im Farbverlauf der Violetttöne in einer anderen Farbe gestickt.

4

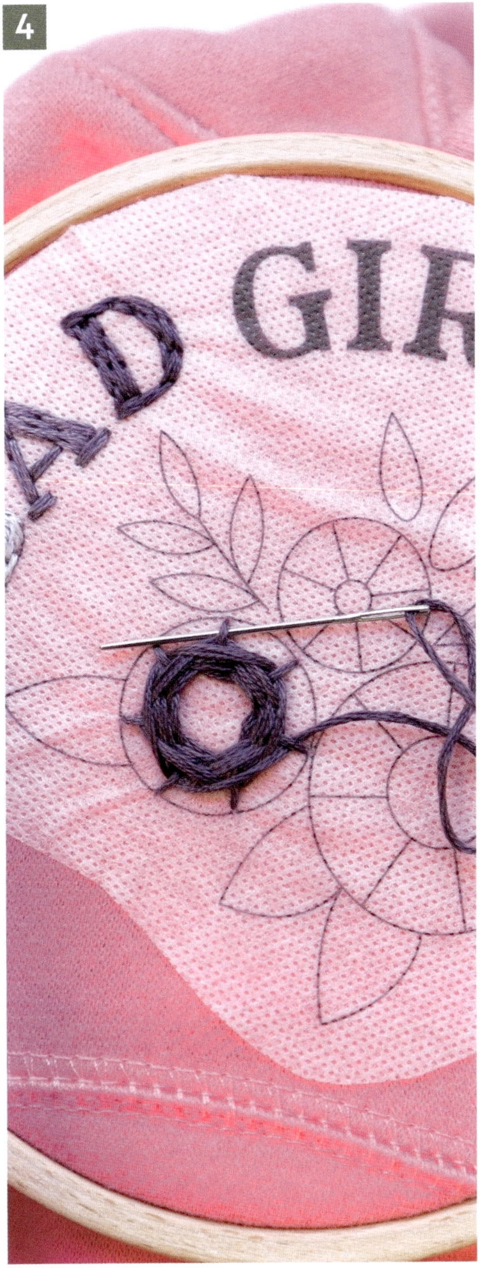

Die Rose stickst du als gewebte Rose (Seite 19). Der innere Teil der Rose sollte dabei frei bleiben.

5

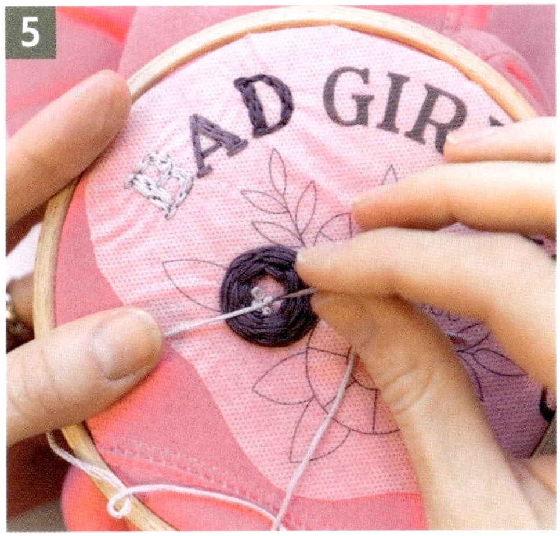

Der innere Teil der Rose wird mit Knötchenstichen ausgefüllt (Seite 19).

6

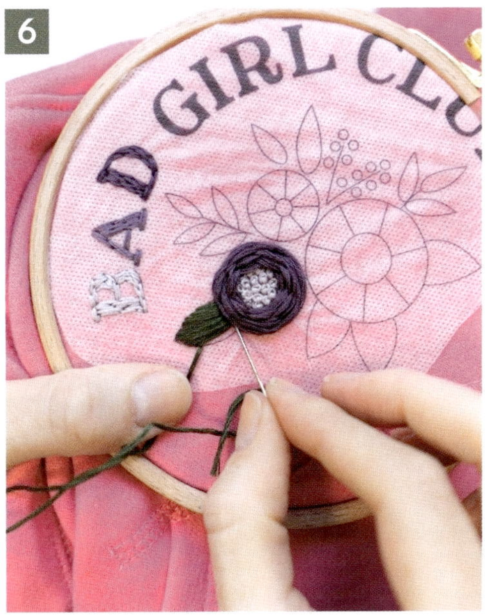

Die Blätter stickst du mit dem Plattstich (Seite 19). Achte darauf, die Stiche möglichst dicht aneinanderzusetzen.

BAD GIRL CLUB

7

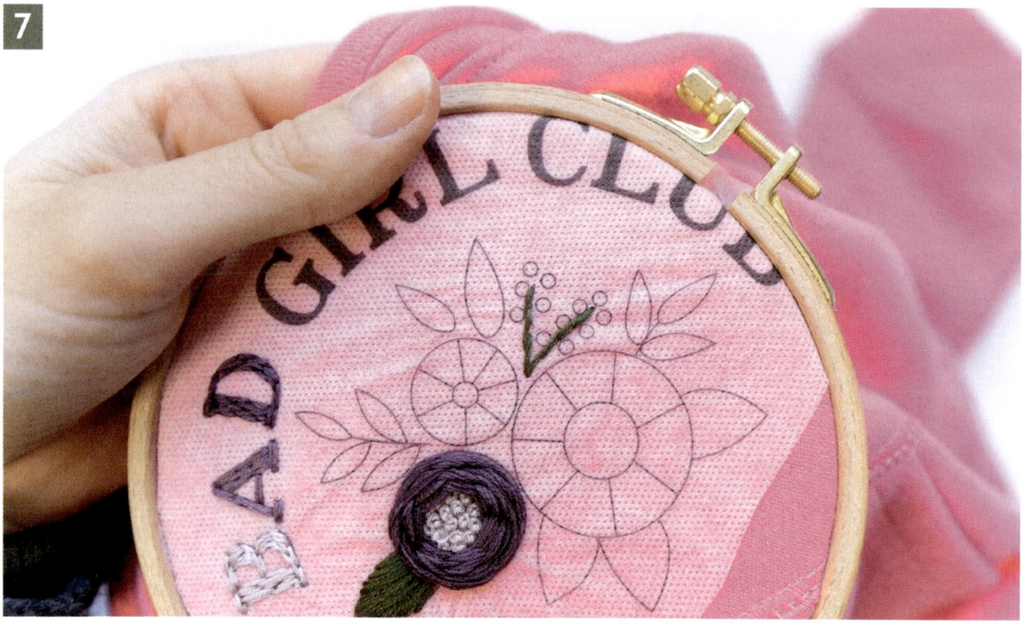

Die Stiele stickst du mit dem Stielstich (Seite 18). Alternativ kannst du auch den Rückstich verwenden (Seite 17).

8

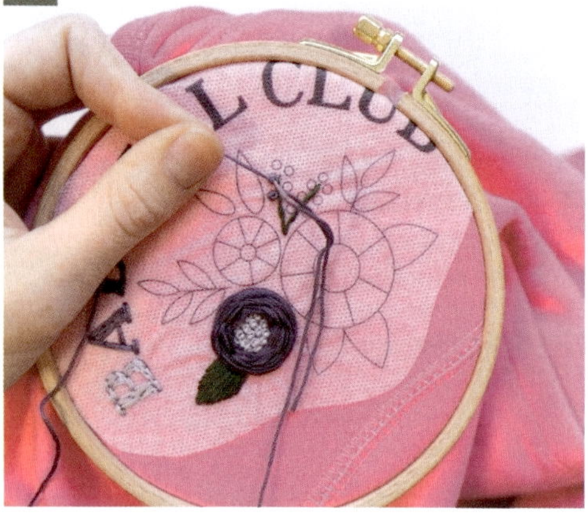

Die kleinen Beeren werden mit dem Knötchenstich gestickt (Seite 19).

9

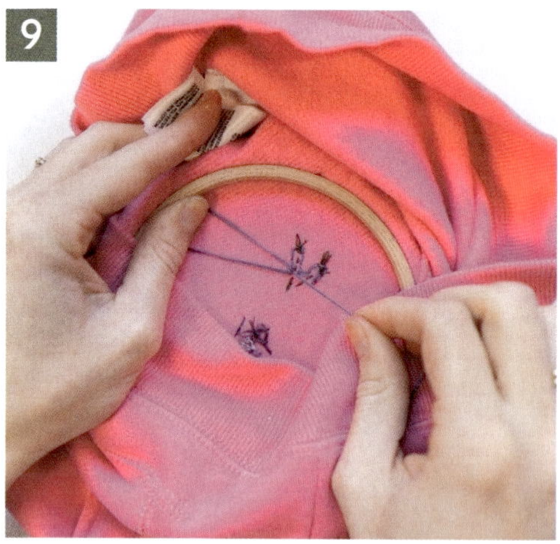

Wenn dein Faden eine Länge von weniger als 5 cm erreicht hat, verknotest du ihn auf der Rückseite und setzt neu an.

10

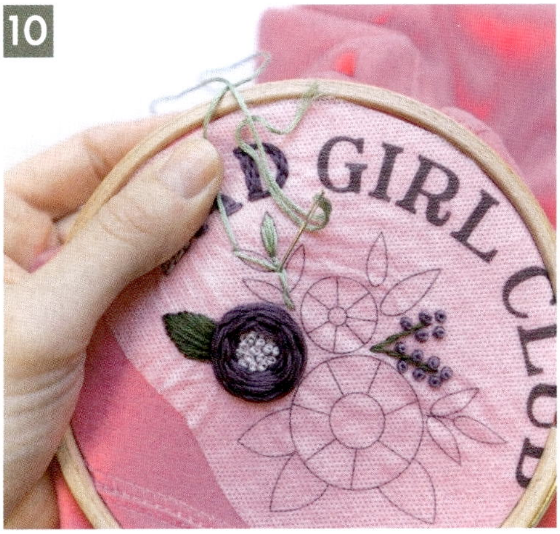

Die Stiele stickst du mit dem Stielstich (Seite 18). Die Blätter mit dem Plattstich (Seite 19).

11

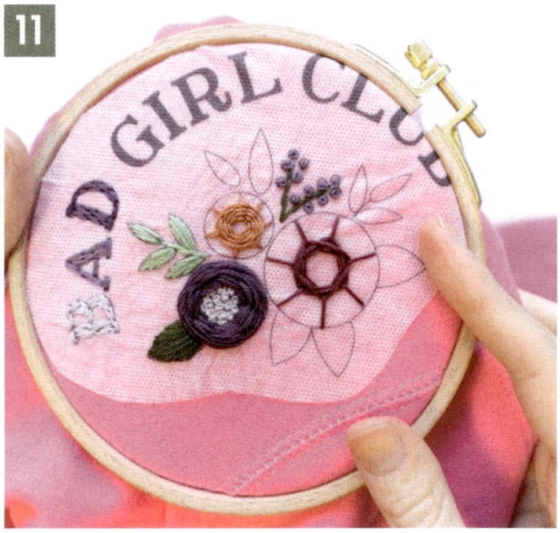

Für die Rosen arbeitest du wieder mit der gewebten Rose und lässt die Mitte für die Knötchenstiche frei.

12

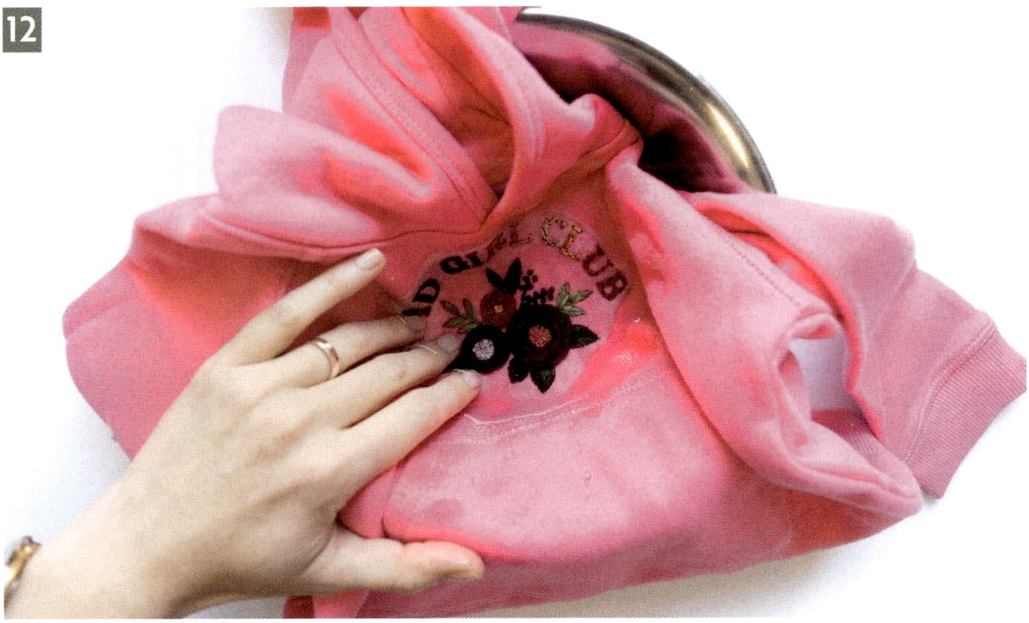

Das Solufix auswaschen und fertig ist dein Hoodie mit Schriftzug. Um die Rückseite deiner Stickerei zu schützen, empfehle ich dir, ein elastisches Vlies aufzubügeln, zum Beispiel die Bügeleinlage H 609 von Vlieseline.

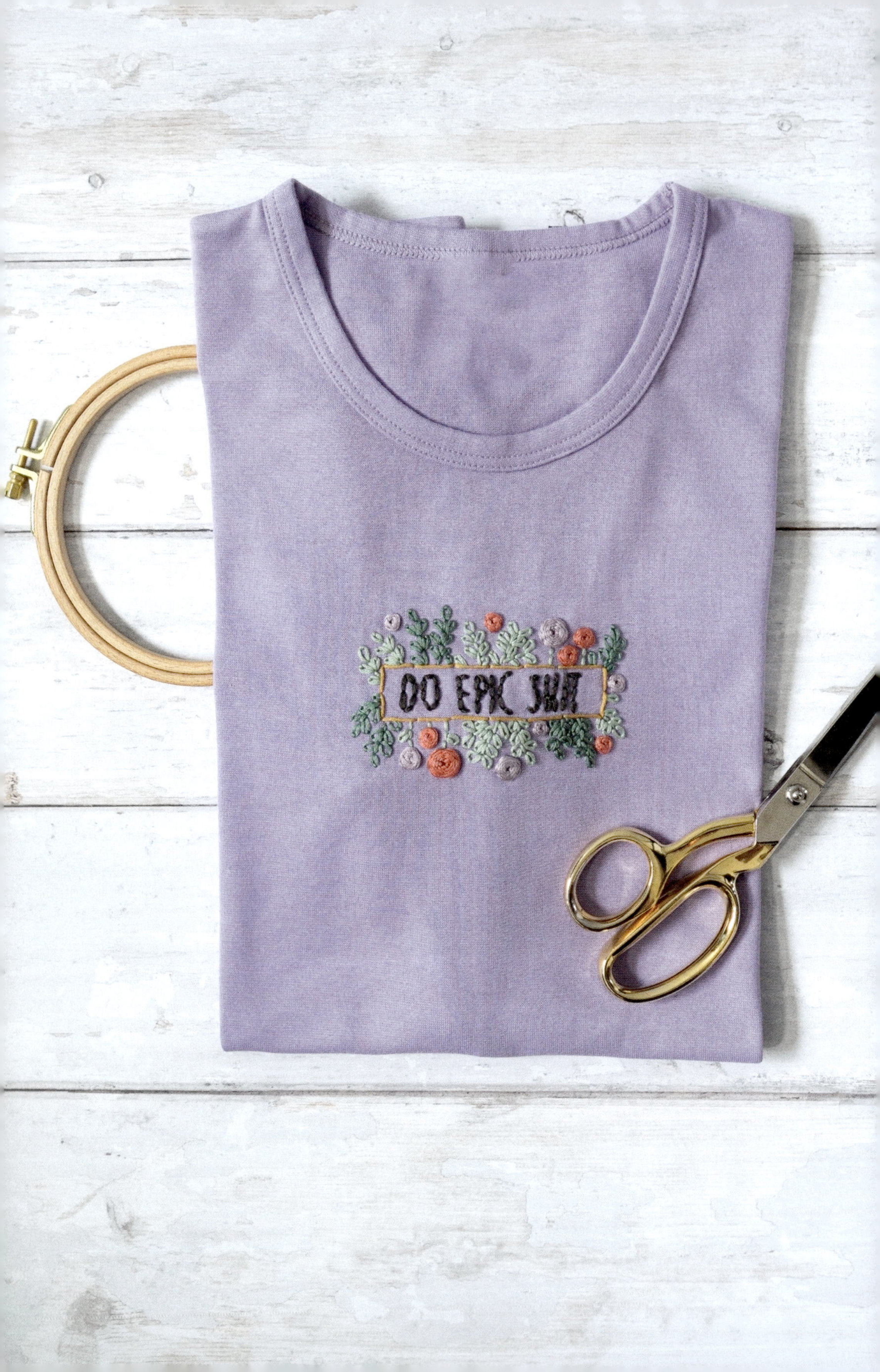
DO EPIC SHIT

DO EPIC SHIT

Schwierigkeitsgrad
Das schaffst du locker

Dieser Ausdruck soll dich dazu ermutigen großartige Dinge zu tun und dich nicht mit dem Durchschnitt zufriedenzugeben. Er erinnert dich daran, dass man sein Leben in die Hand nehmen und mutig nach seinen Träumen streben sollte. Mit diesem Schriftzug auf dem Hoodie kann man sich selbst und andere daran erinnern, dass man das Potenzial hat, Großes zu erreichen und außergewöhnliche Dinge zu vollbringen.

Material

- Nadeln OHNE Spitze No. 18–24
- Stickschere
- Hoodie in Wunschgröße
- Stickrahmen (Ø 13 cm)
- Wasserlösliches Vlies (Solufix)

Stiche & Garnstärke

- Margeritenstich (6 Fäden)
- Rückstich (6 Fäden)
- Gewebte Rose (6 Fäden)

Sticktwist nach Wahl

Im Beispiel verwendet: Anchor 870, 214, 1024, 216, 890, 1041

- Stickvorlage auf Seite 116

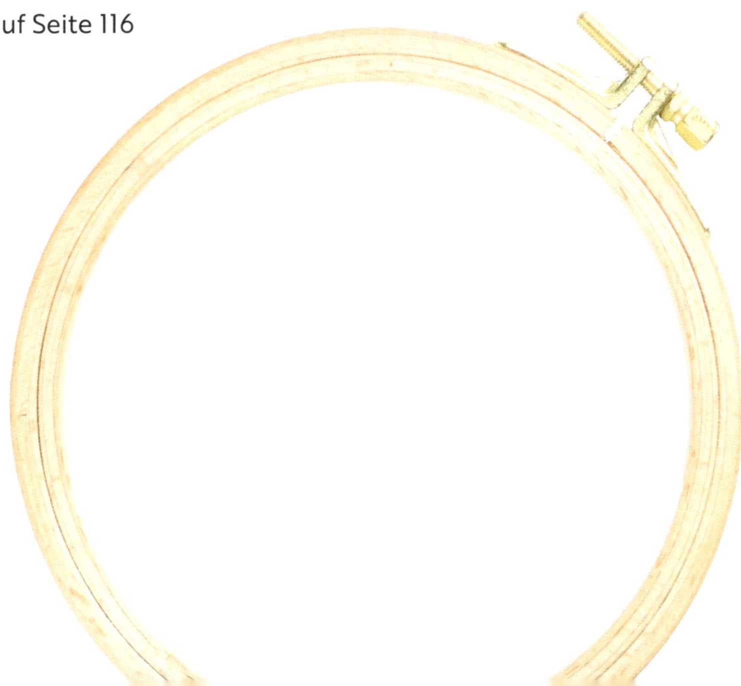

DO EPIC SHIT

1

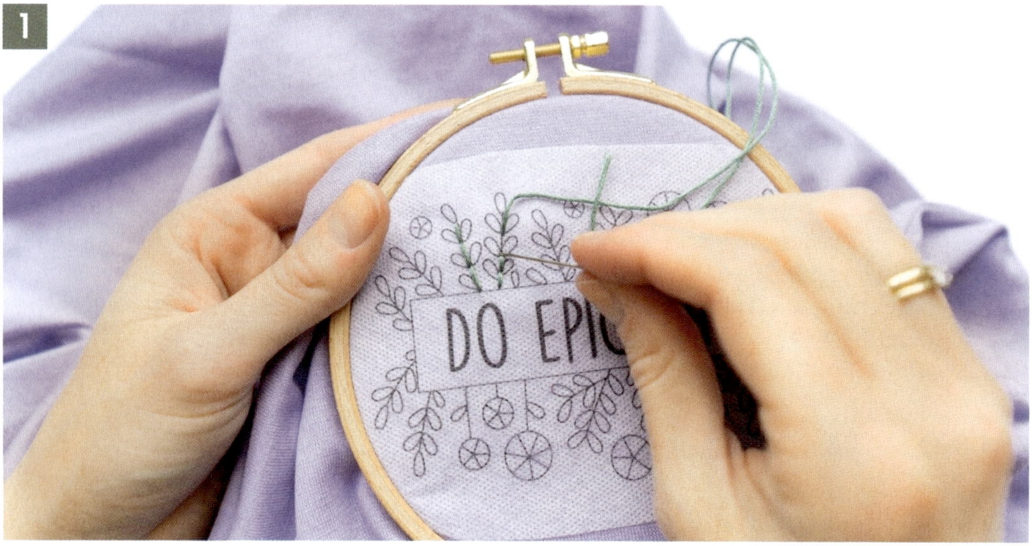

Übertrage die Vorlage auf das Solufix und positioniere das Motiv auf deinem Hoodie. Entferne die Schutzfolie und klebe das Vlies fest. Die Stiele der Blätterranken stickst du mit dem Rückstich (Seite 17).

2

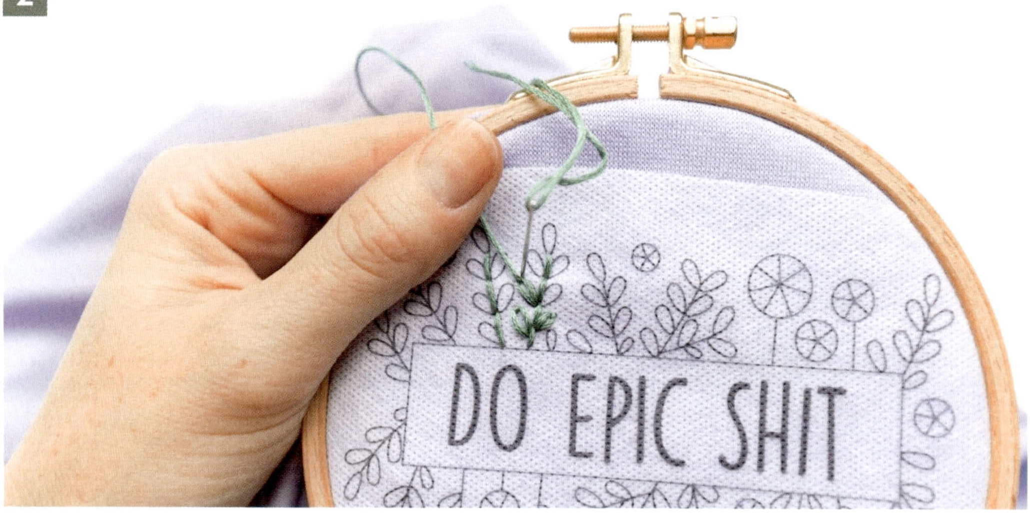

Die Blätter werden mit dem Margeritenstich gestickt (Seite 19).

3

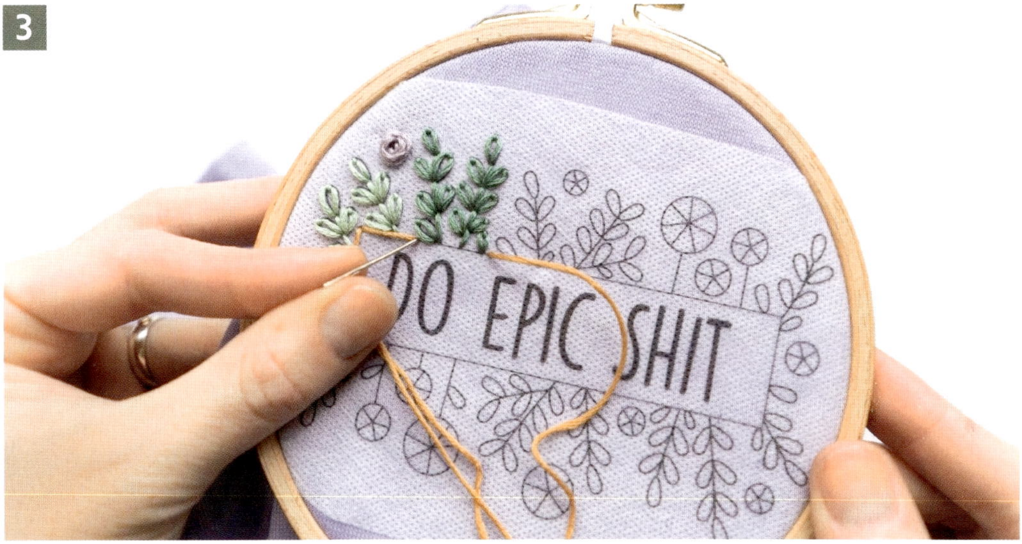

Die Umrandung stickst du mit dem Rückstich. Achte aber darauf, die Stiche nicht zu lang zu setzen, da sich der Faden beim Waschen verheddern könnte.

4

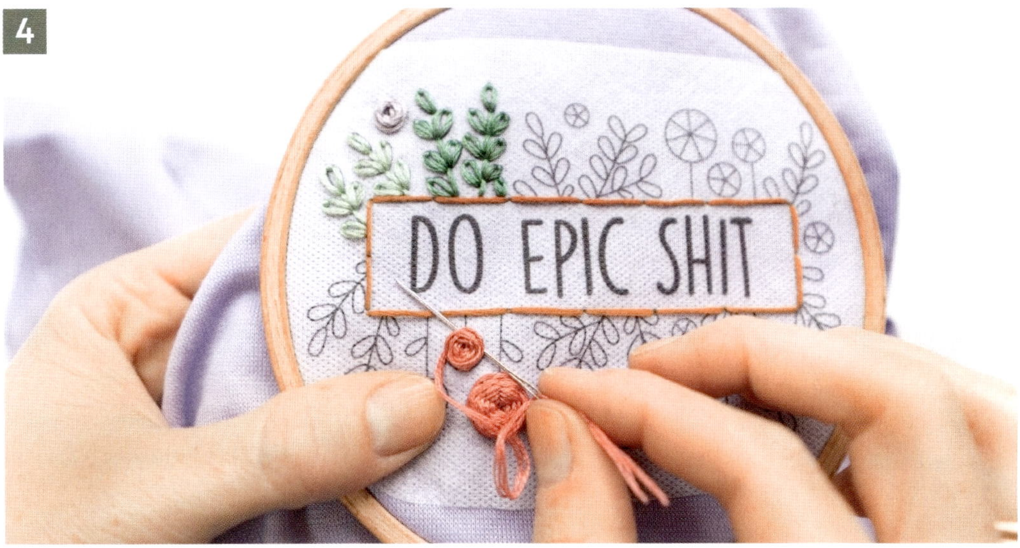

Die Rosen werden in unterschiedlichen Farben und mit der gewebten Rose gestickt (Seite 19).

DO EPIC SHIT

5

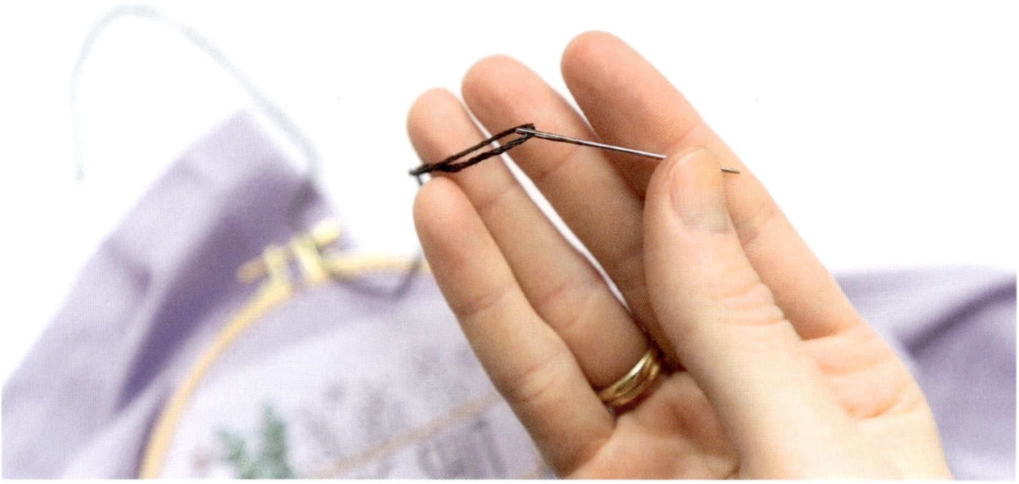

Für den Schriftzug legst du den Faden doppelt und stickst ihn mit 12 Fäden.

6

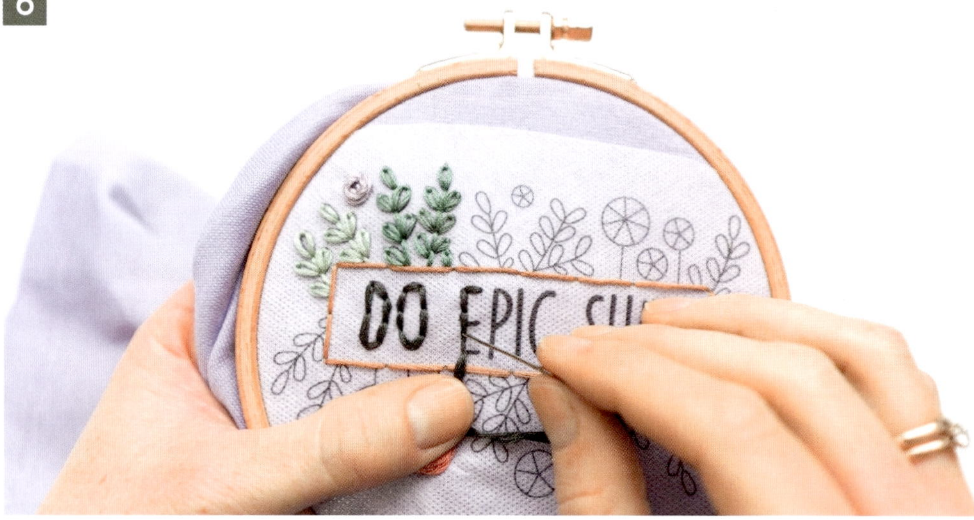

Die einzelnen Buchstaben werden mit dem Rückstich gestickt (Seite 17).

7

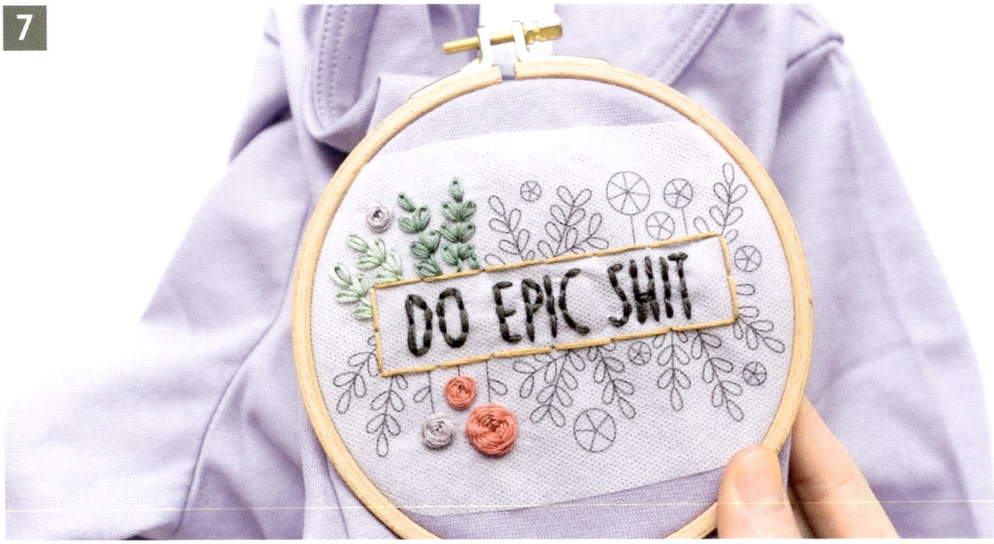

Mit diesen Stichen erarbeitest du das gesamte Motiv.

8

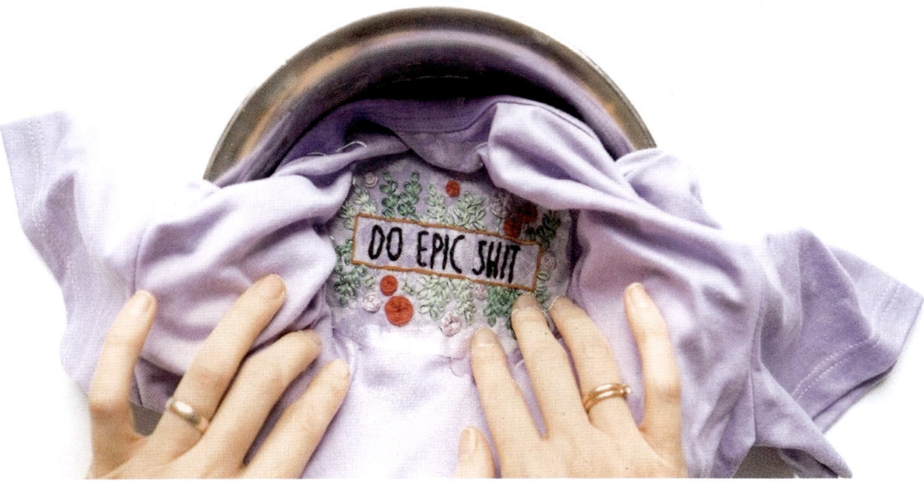

Das Solufix auswaschen und fertig ist dein Hoodie mit Schriftzug. Um die Rückseite deiner Stickerei zu schützen, empfehle ich dir, ein elastisches Vlies aufzubügeln, zum Beispiel die Bügeleinlage H 609 von Vlieseline.

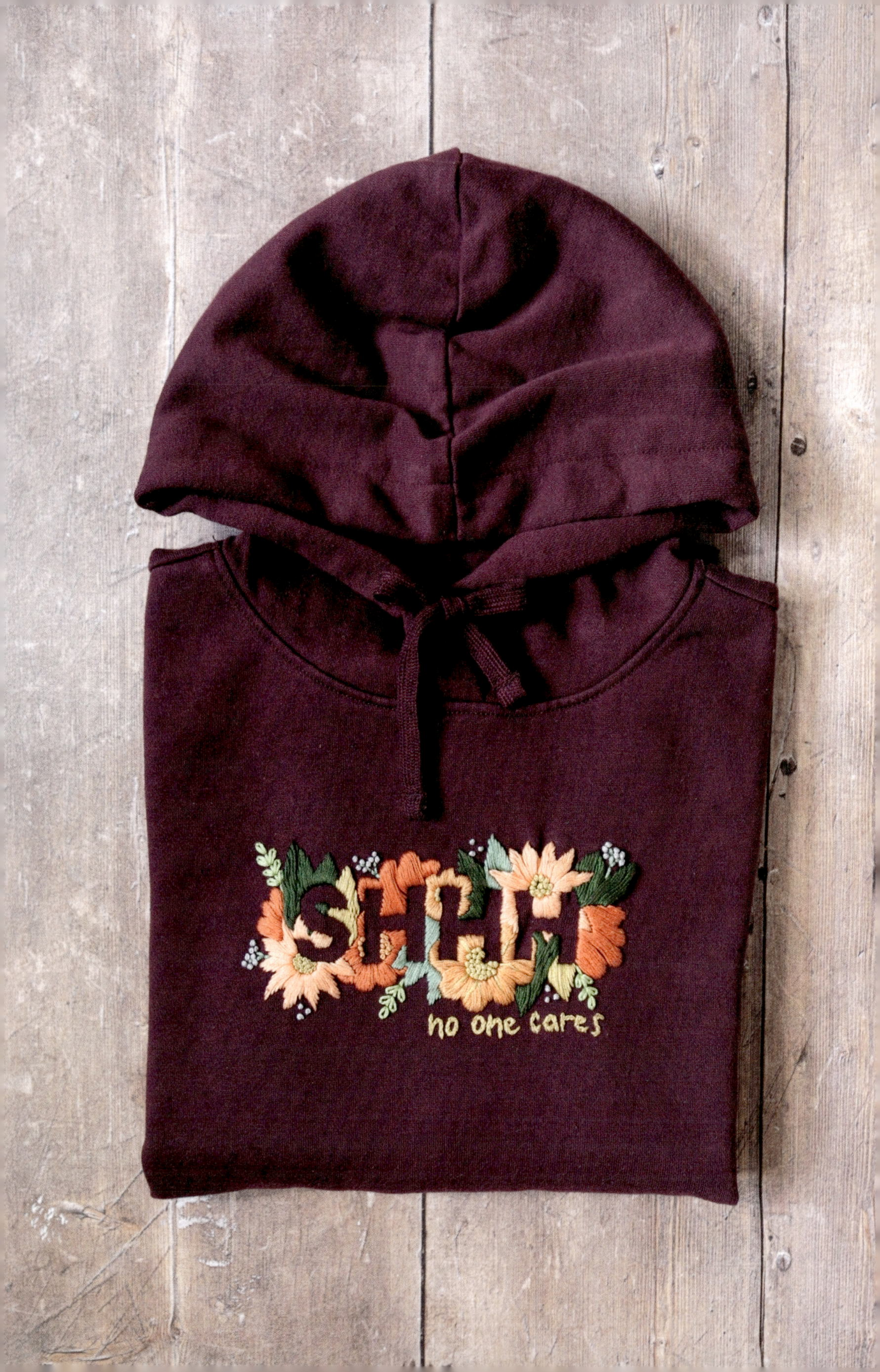
SHHH
no one cares

SHHH, NO ONE CARES

Schwierigkeitsgrad
Gehe es entspannt an, dieses Projekt braucht ein wenig mehr Zeit.

SHHH, NO ONE CARES kann als humorvolle Aussage interpretiert werden, die zeigt, dass man sich nicht um die Meinung anderer kümmert und selbstbewusst seinen eigenen Weg geht. Es könnte auch als ironische Botschaft verstanden werden, die darauf hinweist, dass man sich nicht von den Erwartungen anderer beeinflussen lässt. Mit diesem Schriftzug auf dem Hoodie kannst du eine gewisse Nonchalance und Unabhängigkeit zeigen.

Material

- Nadeln OHNE Spitze No. 18–24
- Stickschere
- Hoodie in Wunschgröße
- Stickrahmen (Ø 13 cm)
- Wasserlösliches Vlies (Solufix)

Stiche & Garnstärke

- Margeritenstich (6 Fäden)
- Plattstich (6 Fäden)
- Knötchenstich (6 Fäden)
- Stielstich (6 Fäden)
- Spaltstich (6 Fäden)

Sticktwist nach Wahl

Im Beispiel verwendet:
Anchor 215, 263, 265, 945, 369, 398, 9575, 5975

- Stickvorlage auf Seite 115

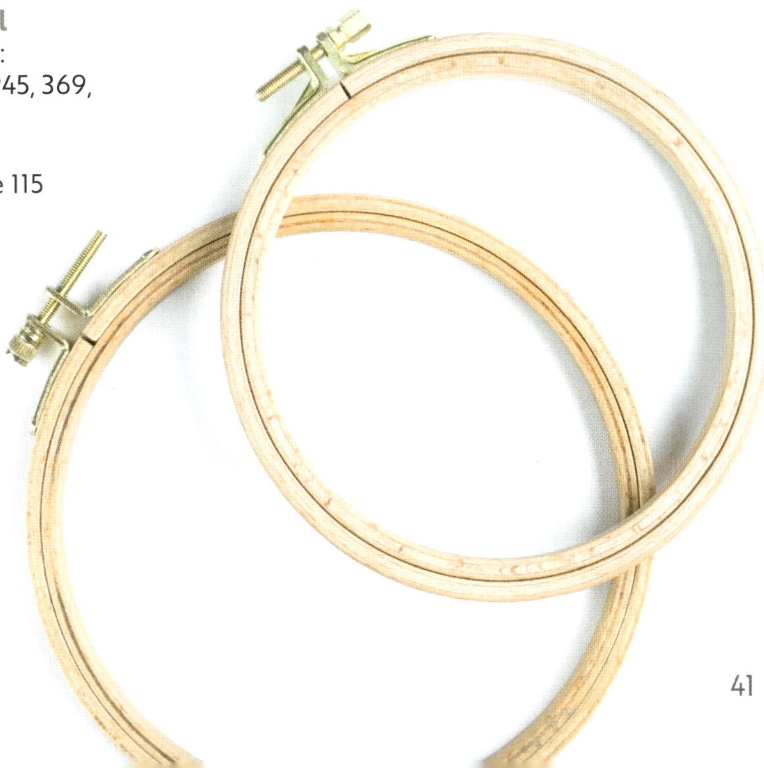

SHHH, NO ONE CARES

1

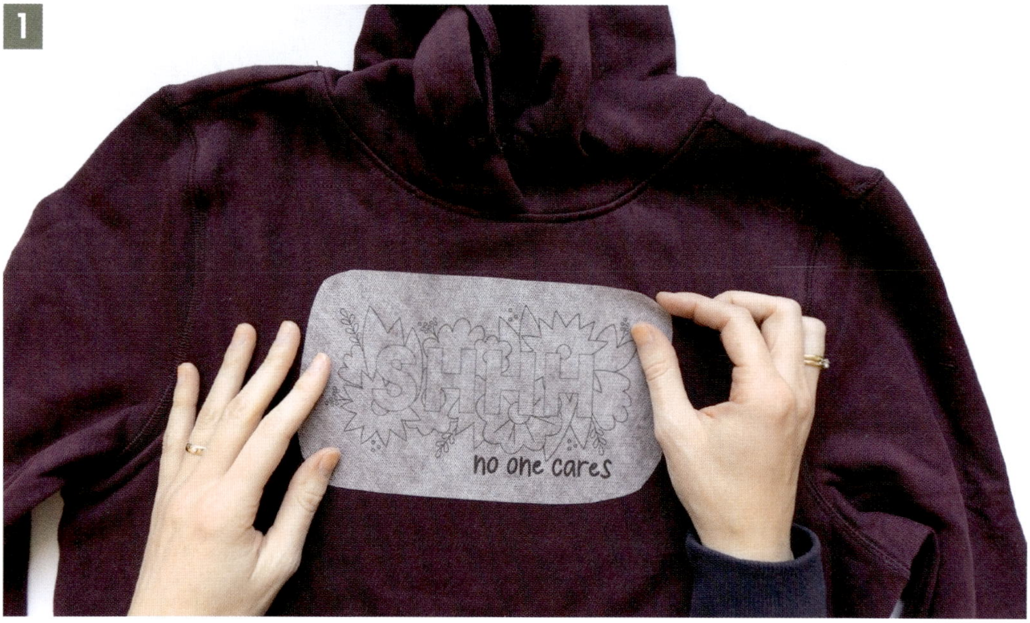

Übertrage die Vorlage auf das Solufix und positioniere das Motiv auf Brusthöhe deines Hoodies. Entferne die Schutzfolie und klebe das Vlies fest.

2

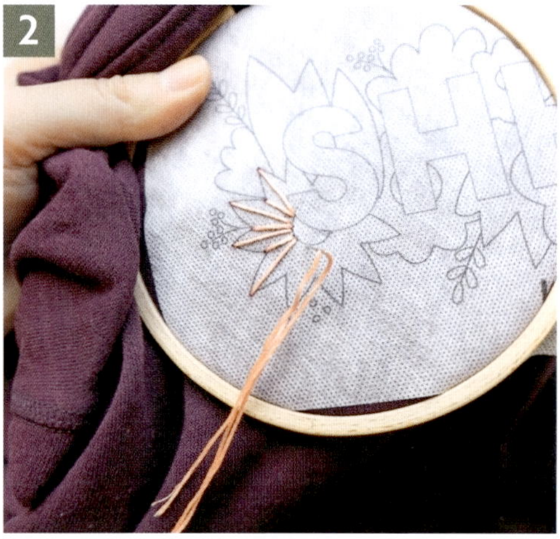

Die großen Blumen werden mit dem Plattstich gestickt (Seite 18). Setze dir zuerst ein paar Hilfsstiche und fülle dann die Lücken aus.

3

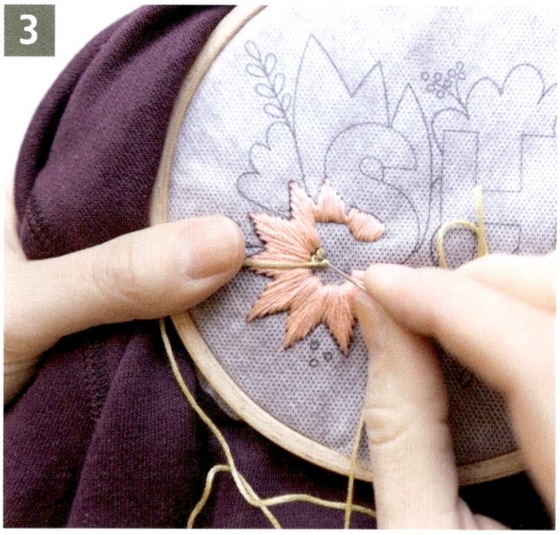

Den inneren Teil der Blüte füllst du mit Knötchenstichen (Seite 19).

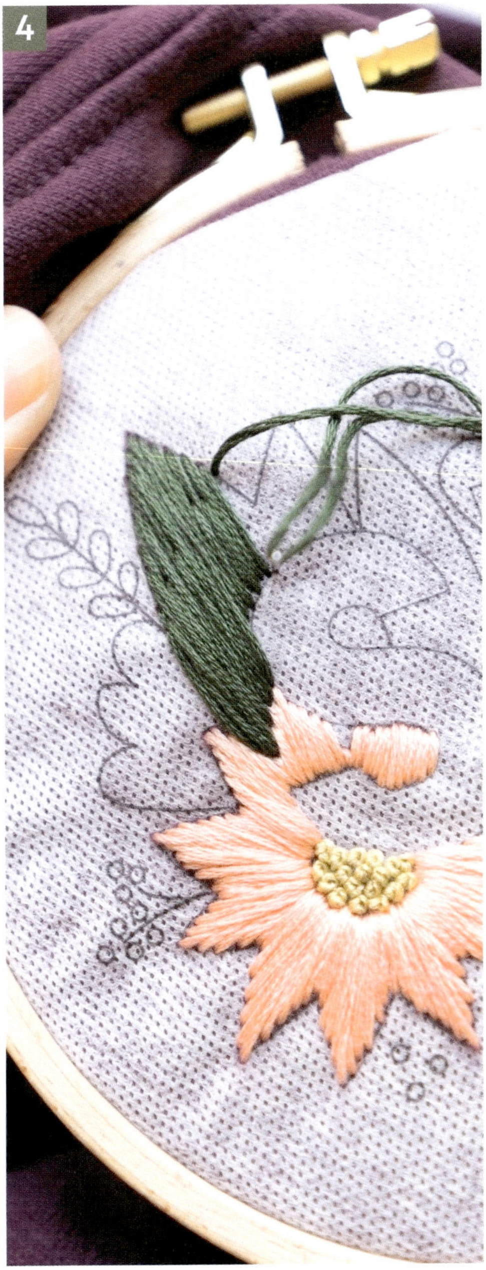

Die Blätter werden ebenfalls mit dem Plattstich gestickt. Achte bei sehr großen Flächen darauf, die Stiche nicht zu lang zu setzen und die Fläche lieber mit versetzten Plattstichen zu unterteilen.

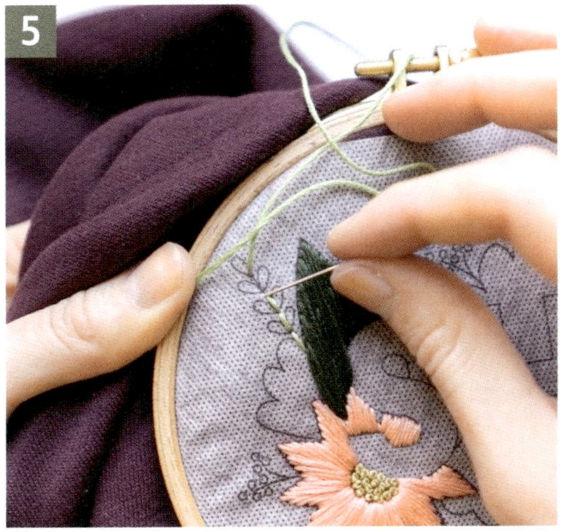

Für die Stiele der kleinen Zweige verwendest du den Stielstich (Seite 18).

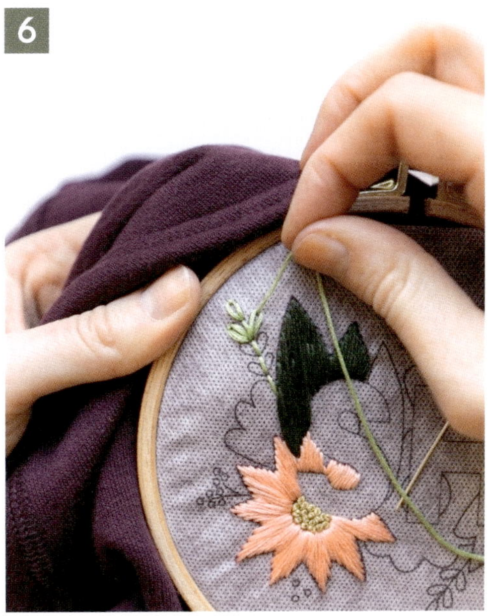

Die kleinen Blätter werden mit dem Margeritenstich gestickt (Seite 19).

SHHH, NO ONE CARES

7

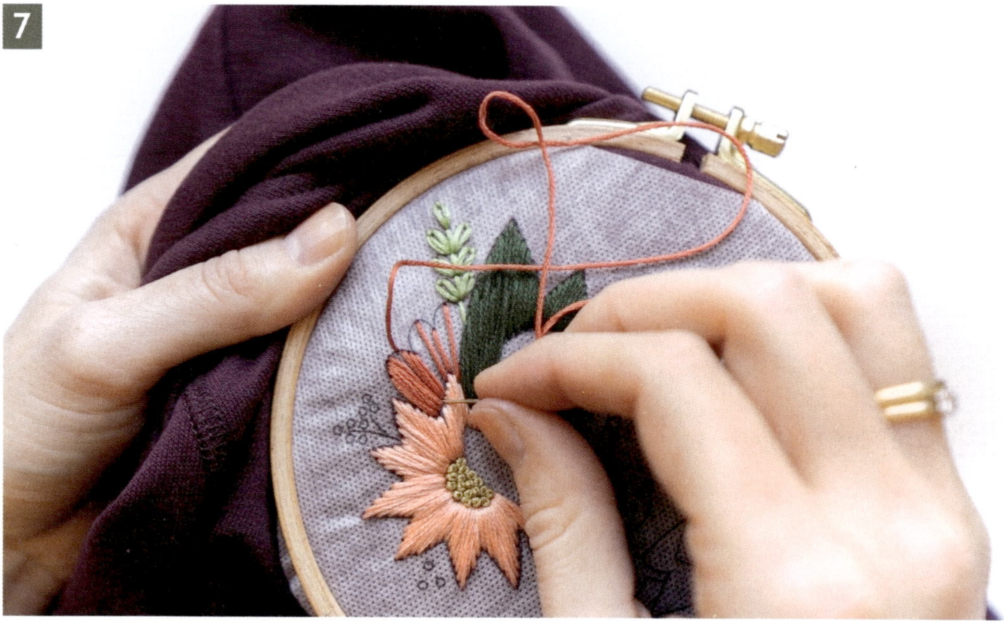

Sticke auch die weiteren Blumen mit dem Plattstich. Überlege dir, wo der Mittelpunkt der Blüte sein könnte. Dieser Punkt gibt dir die Richtung für deine Stiche vor.

8

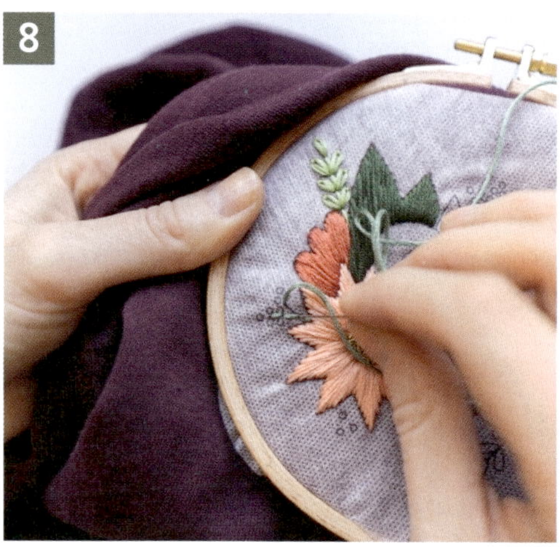

Hier stickst du die kleinen Stiele wieder mit dem Stielstich.

9

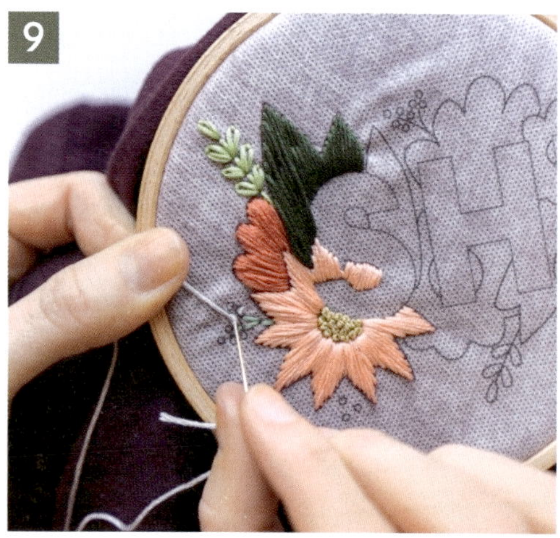

Die kleinen Knospen oder Beeren stickst du mit dem Knötchenstich (Seite 19).

10

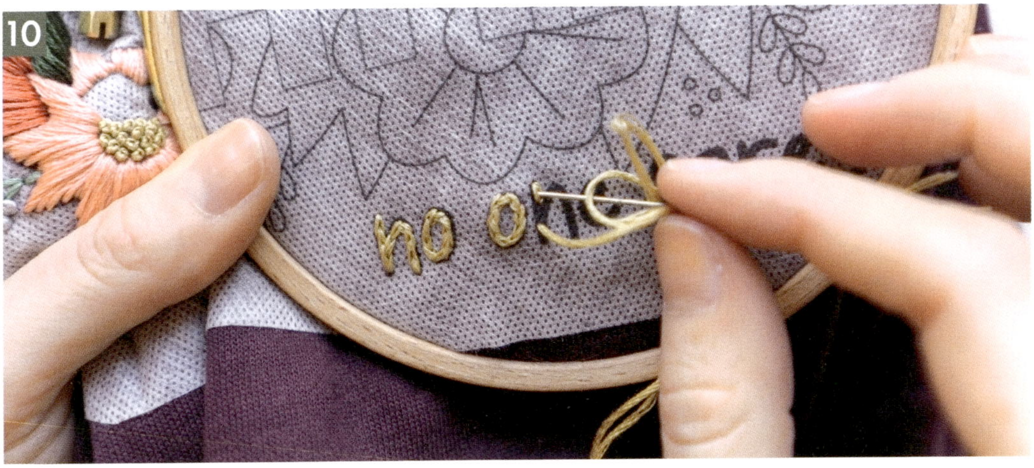

Den Schriftzug stickt du mit dem Spaltstich (Seite 18).

11

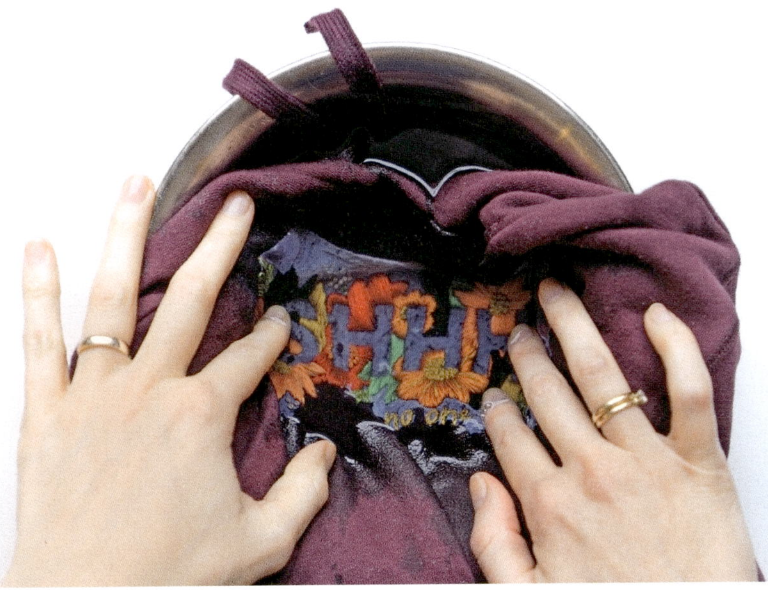

Das Solufix auswaschen und fertig ist dein Hoodie mit Schriftzug. Um die Rückseite deiner Stickerei zu schützen, empfehle ich dir, ein elastisches Vlies aufzubügeln, zum Beispiel die Bügeleinlage H 609 von Vlieseline.

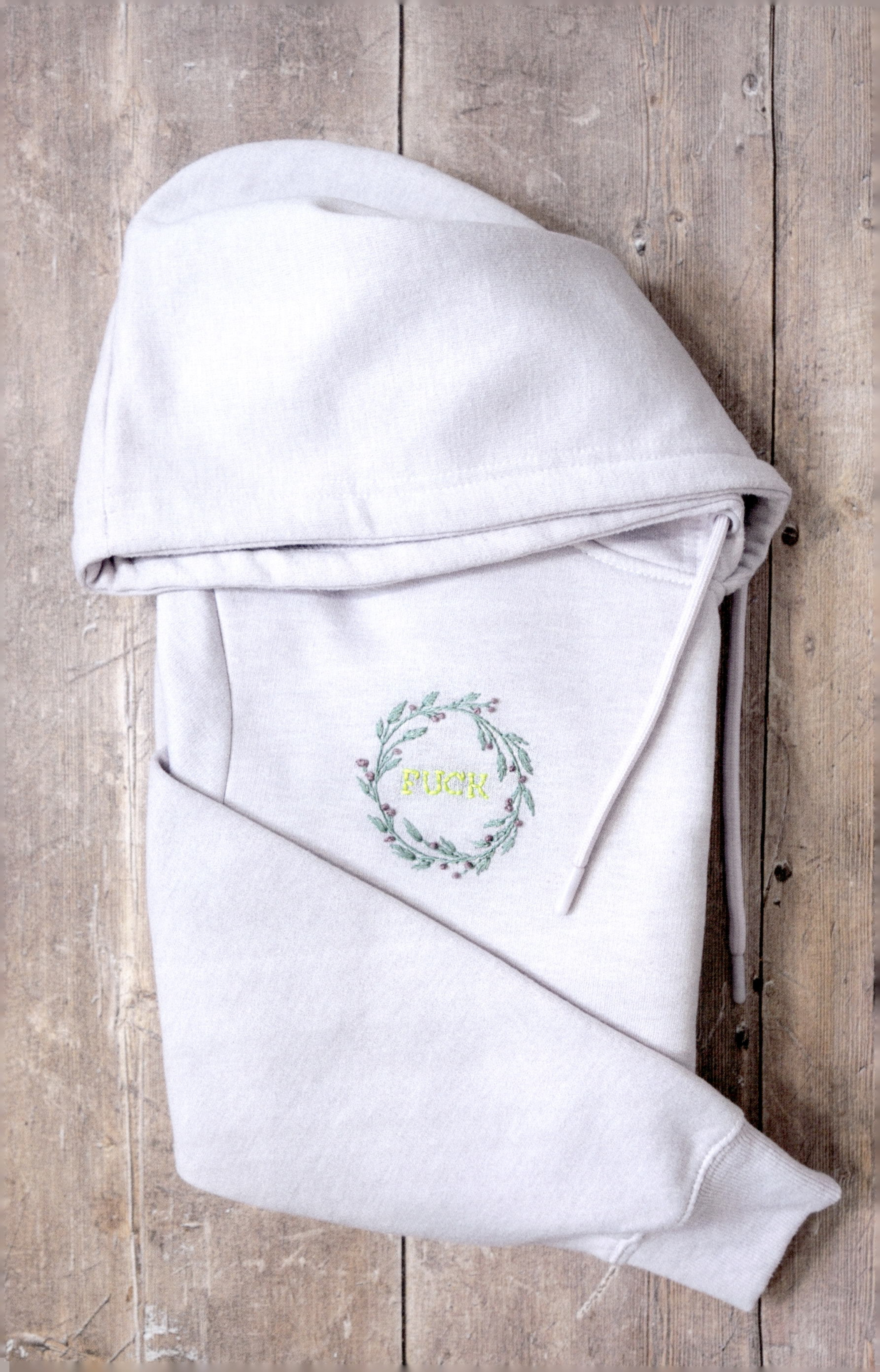
FUCK

FUCK

Schwierigkeitsgrad
Das schaffst du locker

Das Besticken von Pullovern mit einem aussagekräftigen Statement kann eine großartige Möglichkeit sein, um deine Persönlichkeit und Überzeugungen auszudrücken. „Fuck“, hier kannst du die Bedeutung frei interpretieren. Wie z. B. „verdammt“, „zum Teufel“ oder „Scheiß…“!

Material

- Nadeln OHNE Spitze No. 18–24
- Stickschere
- Hoodie in Wunschgröße
- Stickrahmen (Ø 13 cm)
- Wasserlösliches Vlies (Solufix)

Stiche & Garnstärke

- Stielstich (3 Fäden)
- Plattstich (3 Fäden)
- optional Grätenstich (3 Fäden)
- Knötchenstich (3 Fäden)
- Rückstich (6 Fäden)

Sticktwist nach Wahl

Im Beispiel verwendet: Anchor Neon 101, 871, 876

- Stickvorlage auf Seite 118

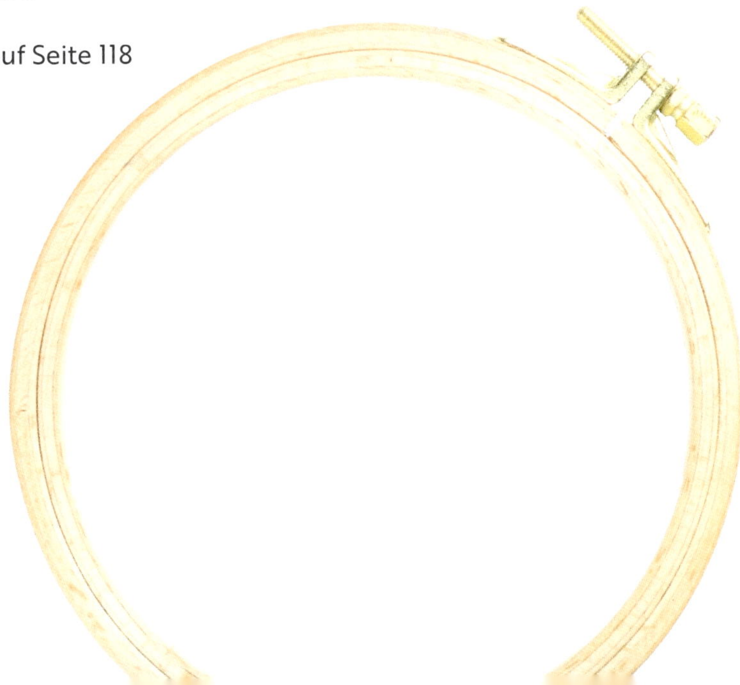

FUCK

1

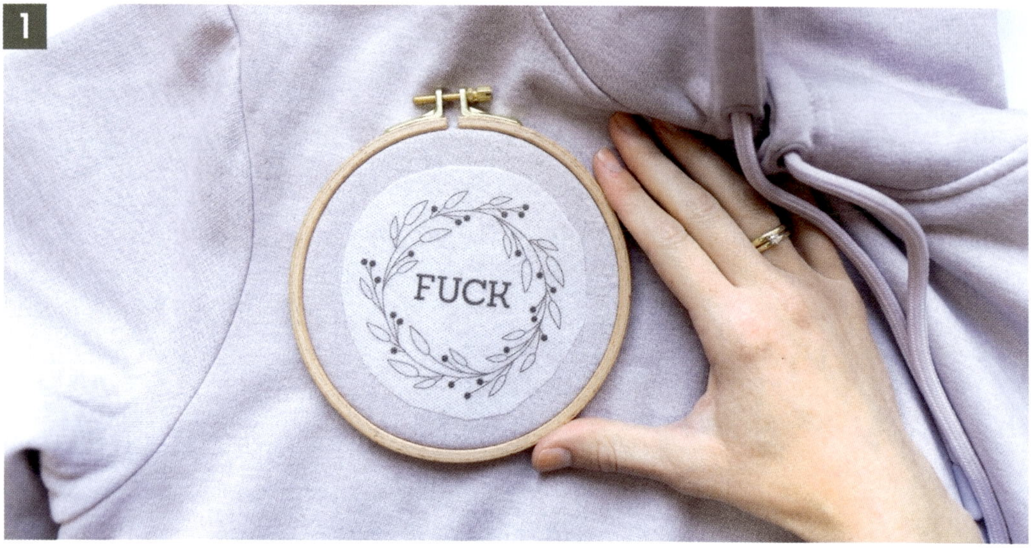

Übertrage die Vorlage auf das Solufix und positioniere das Motiv an der gewünschten Stelle. Entferne die Schutzfolie und klebe das Vlies fest.

2

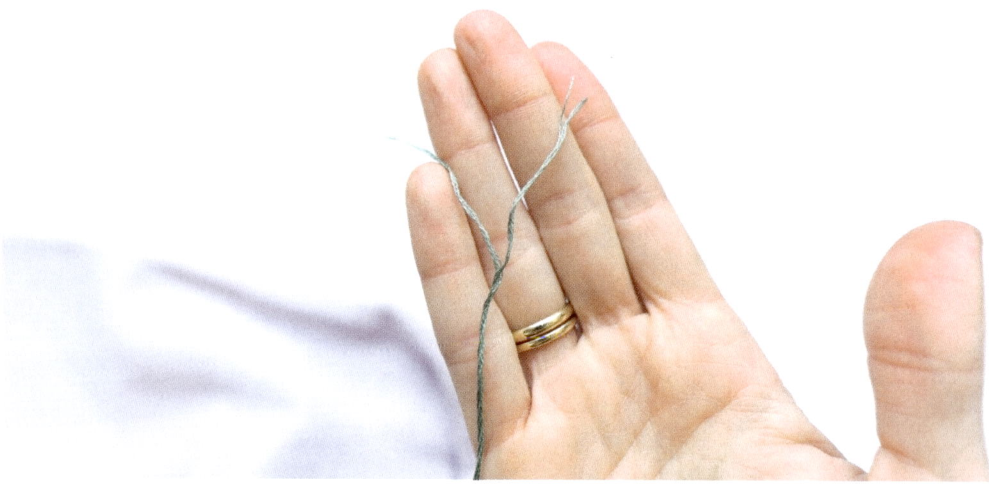

Den Kranz stickst du mit 3 Fäden.

3

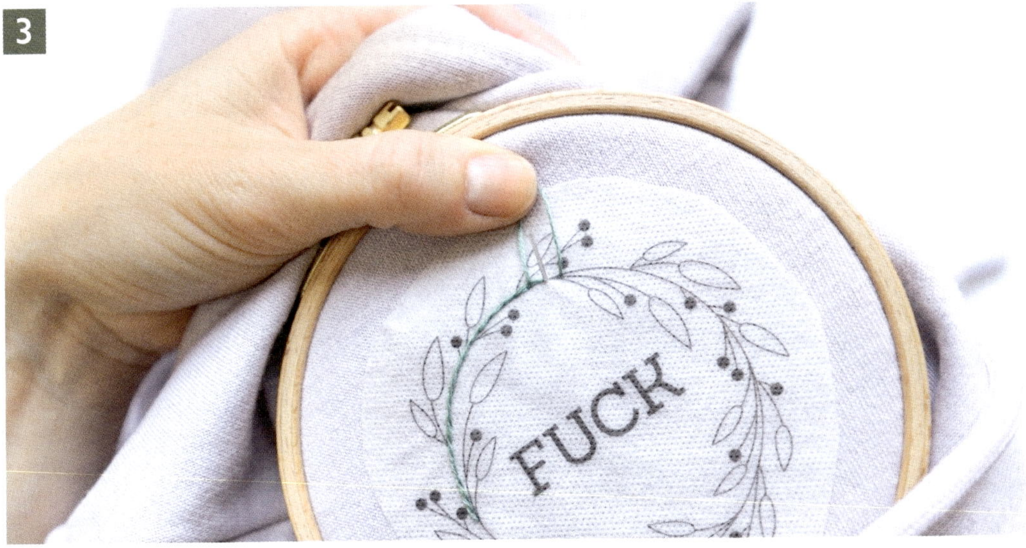

Sticke die Kontur des Kranzes mit dem Stielstich (Seite 18). Der letzte Stich endet in der Mitte des ersten Stiches.

4

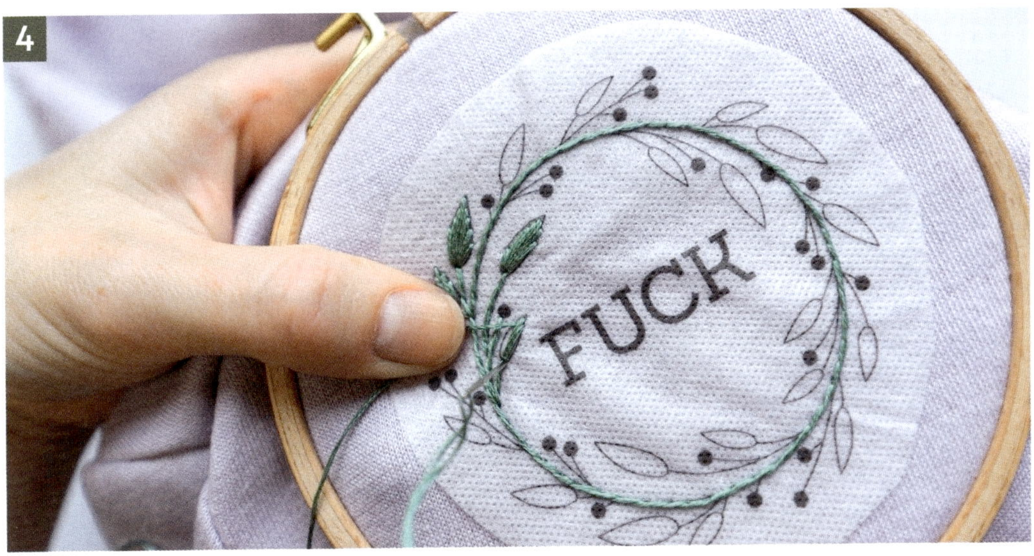

Die einzelnen Blätter kannst du entweder mit dem Plattstich oder auch mit dem Grätenstich sticken (Seite 16).

FUCK

5

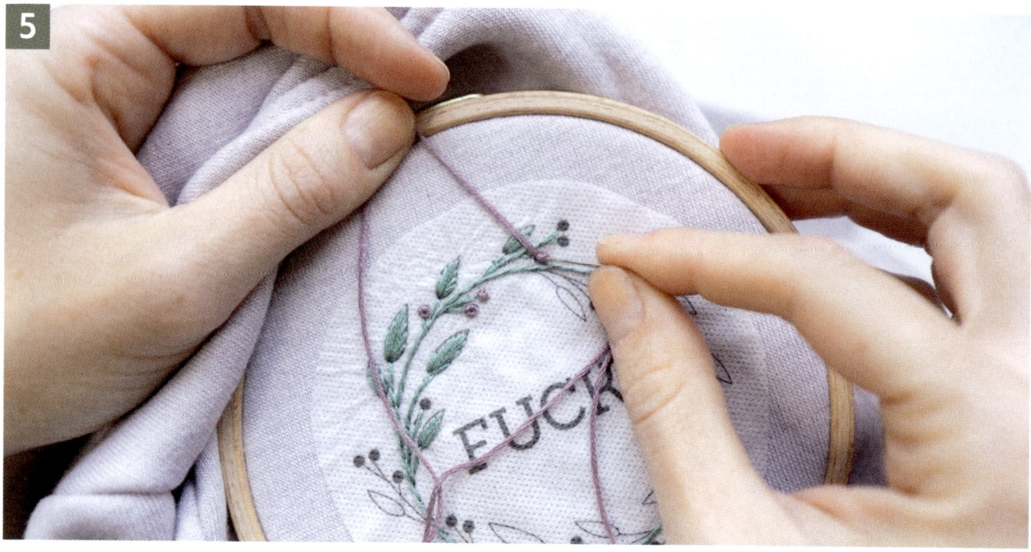

Die kleinen Beeren werden mit dem Knötchenstich gestickt (Seite 19). Den Faden dazu ein- bis zweimal um die Nadel wickeln.

6

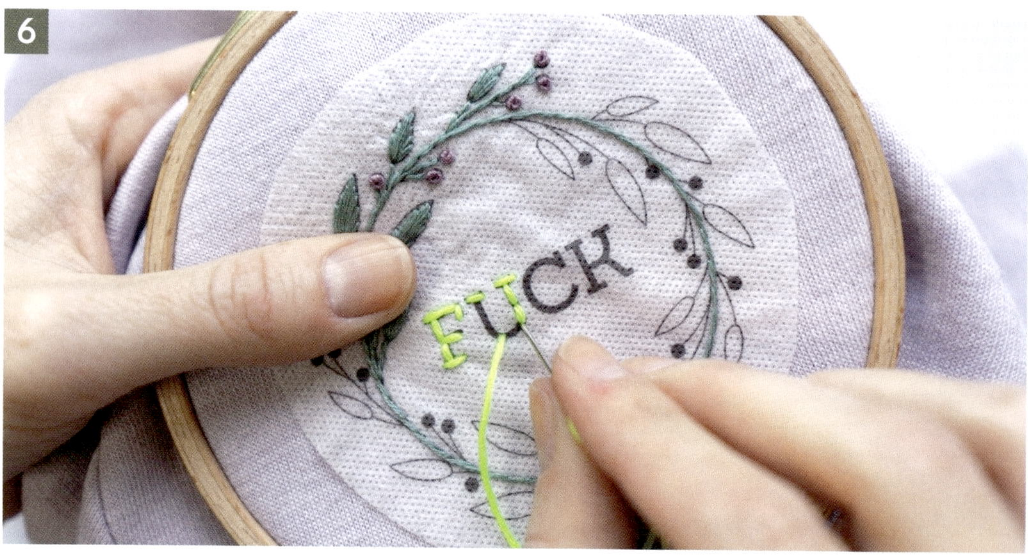

Den Schriftzug stickst du mit dem Rückstich (Seite 17).

7

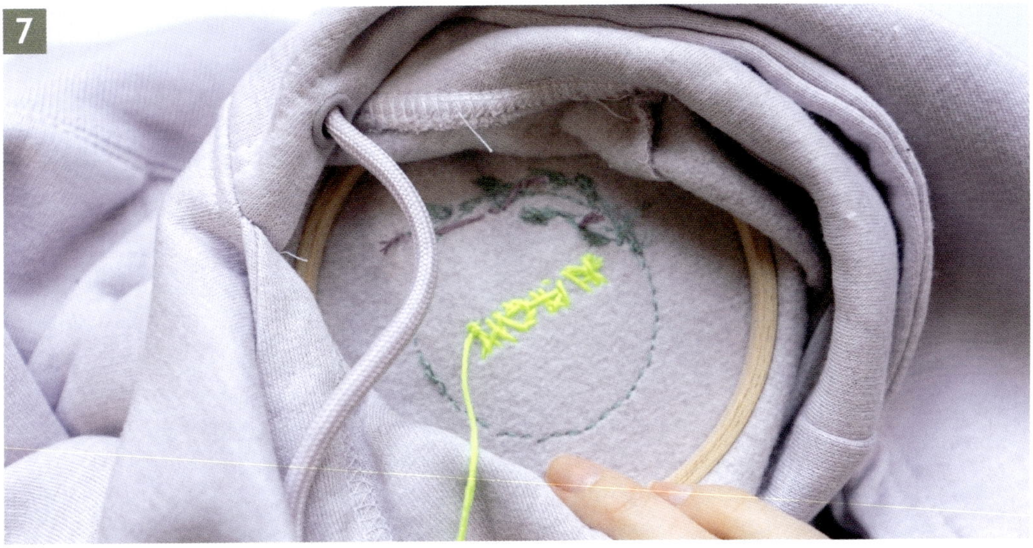

Vernähe auf der Rückseite sorgfältig, damit sich kein Faden lösen kann.

8

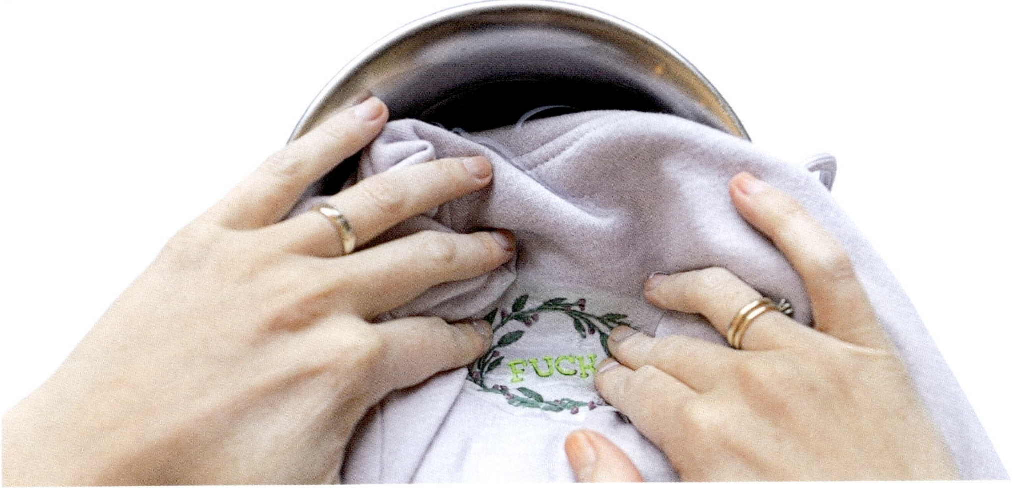

Das Solufix auswaschen und fertig ist dein Hoodie mit Schriftzug. Um die Rückseite deiner Stickerei zu schützen, empfehle ich dir, ein elastisches Vlies aufzubügeln, zum Beispiel die Bügeleinlage H 609 von Vlieseline.

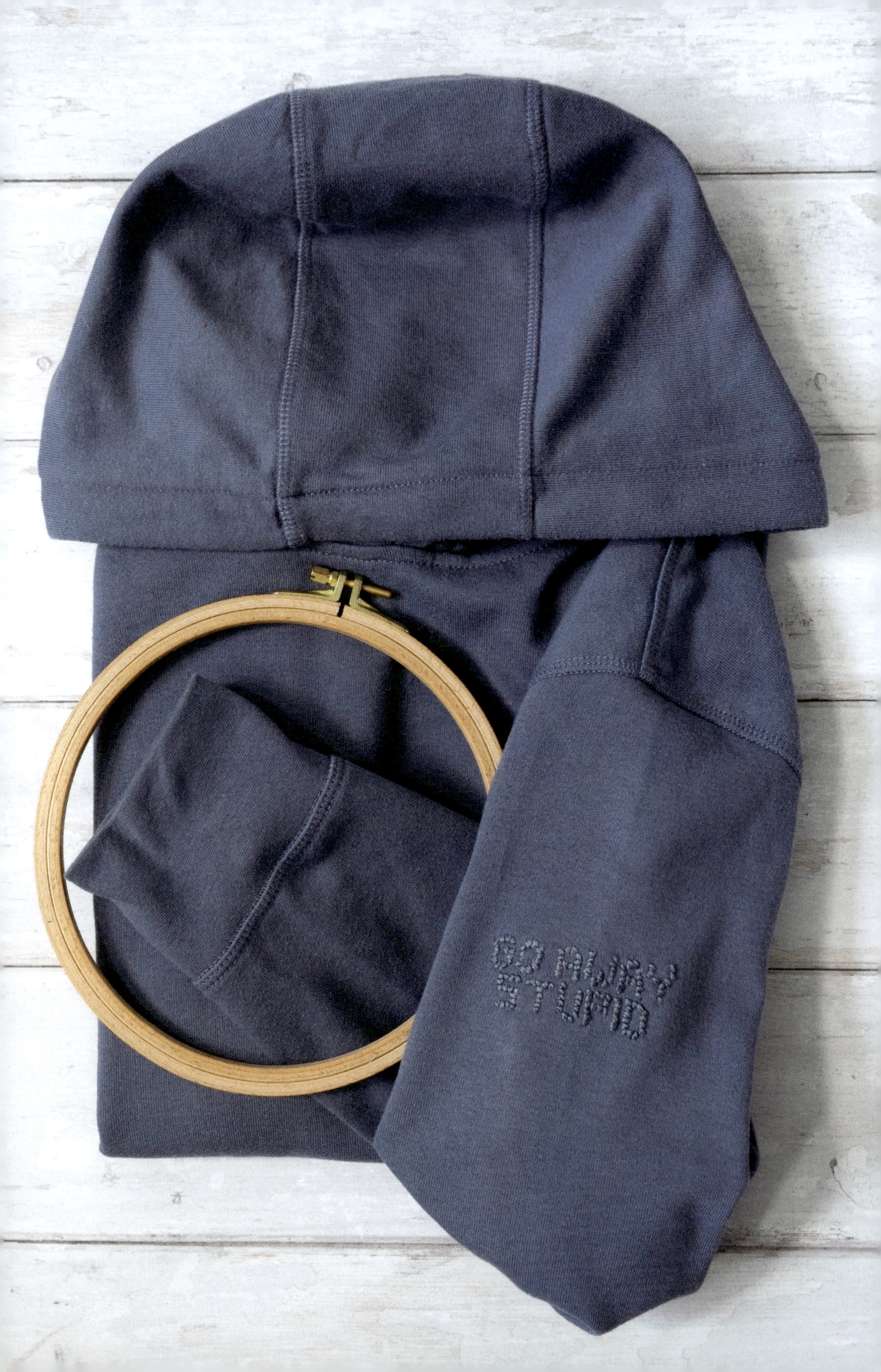
GO AWAY
STUPID

GO AWAY STUPID

Schwierigkeitsgrad
Das schaffst du locker

„Go away, stupid" ist eine unhöfliche und abwertende Aussage, die bedeutet „Geh weg, Dummkopf". Es ist eine grobe und respektlose Art, jemanden aufzufordern zu gehen. Überlege dir also lieber gut, wo du den Pulli mit diesem Statement anziehst. ;-)

Material

- Nadeln OHNE Spitze No. 18–24
- Stickschere
- Hoodie in Wunschgröße
- Stickrahmen (Ø 13 cm)
- Wasserlösliches Vlies (Solufix)

Stiche & Garnstärke

- Kreuzstich (6 Fäden)

Sticktwist nach Wahl

Im Beispiel verwendet:
Anchor 922

- Stickvorlage auf Seite 121

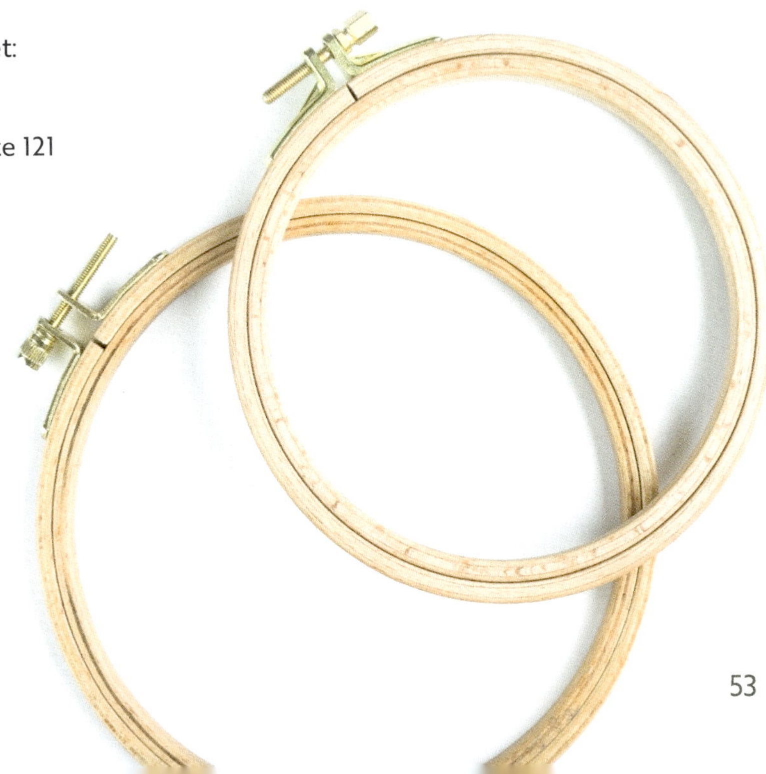

GO AWAY STUPID

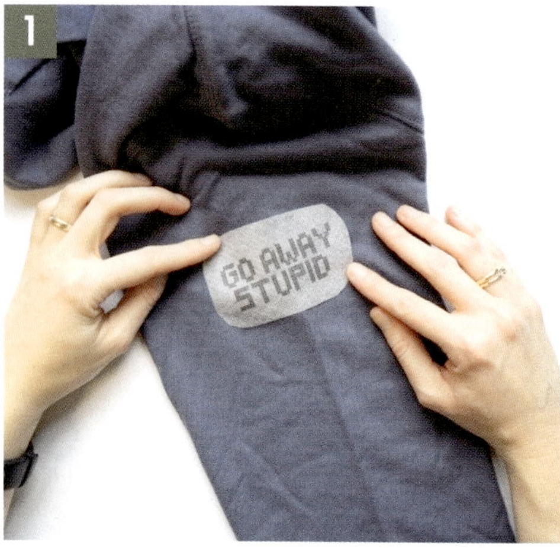

Übertrage die Vorlage auf das Solufix und positioniere das Motiv an der gewünschten Stelle. Entferne die Schutzfolie und klebe das Vlies fest.

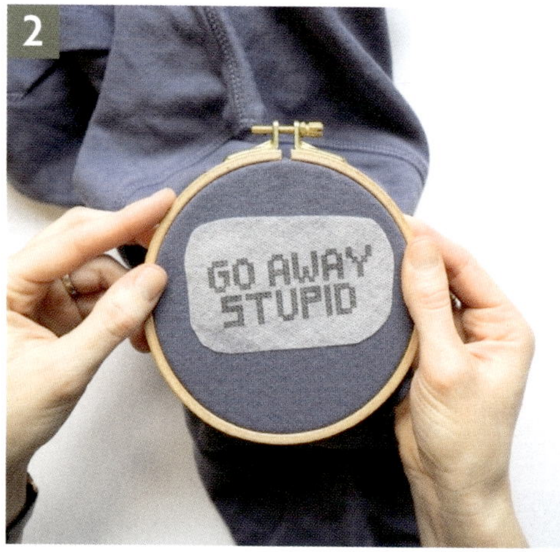

In diesem Beispiel wird der Schriftzug im oberen Bereich eines Ärmels aufgestickt.

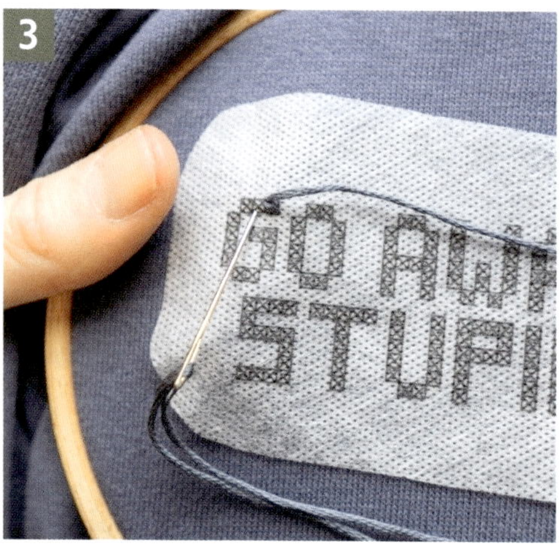

Für diesen Schriftzug verwendest du den Kreuzstich. Dafür stichst du pro Kreuzstich in einem gedachten Quadrat die Nadel oben rechts durch den Stoff und stichst dann die Nadel diagonal unten links wieder ein.

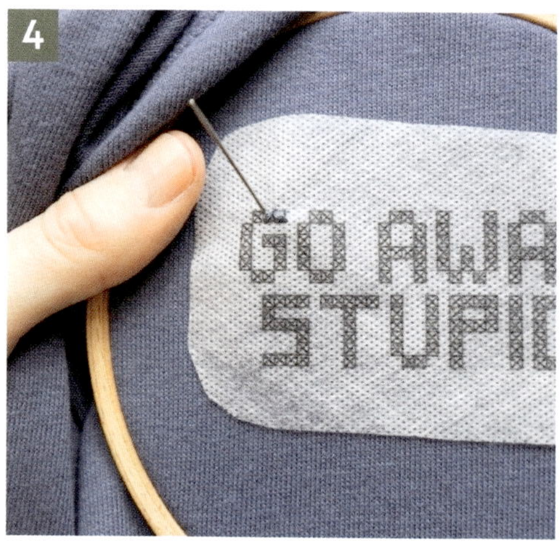

Jetzt stichst du mit der Nadel im Quadrat oben links durch den Stoff.

5

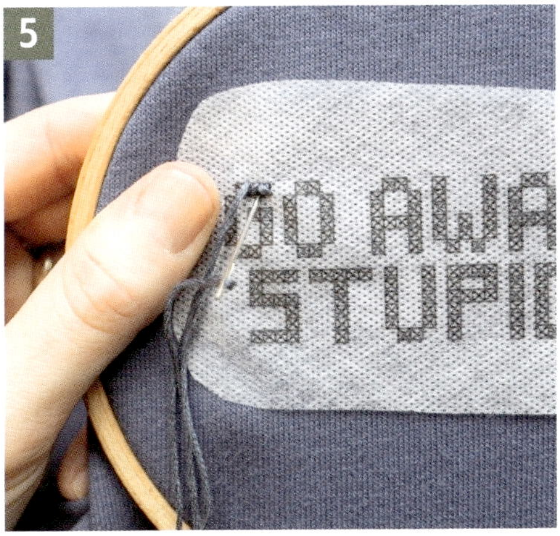

Um den Stich abzuschließen, stichst du die Nadel diagonal unten rechts durch den Stoff.

6

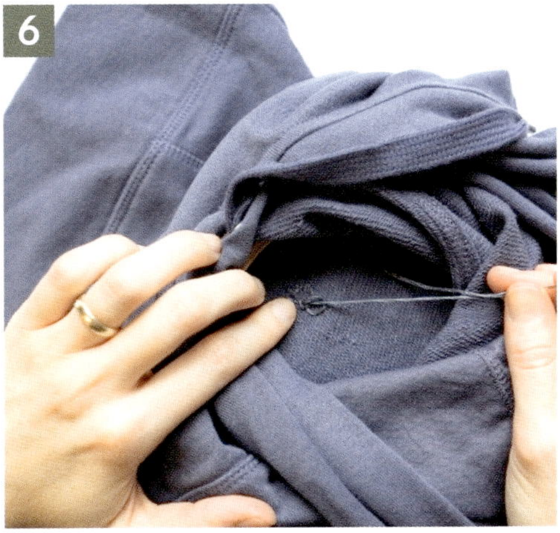

Vernähe auf der Rückseite sorgfältig, damit sich kein Faden lösen kann.

7

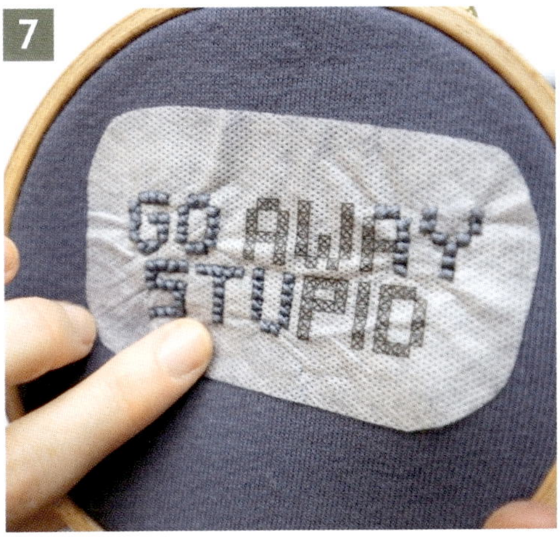

Achte darauf, pro Kreuzstich die Stiche immer in der gleichen Reihenfolge zu setzen, damit ein einheitliches Stickbild entsteht.

8

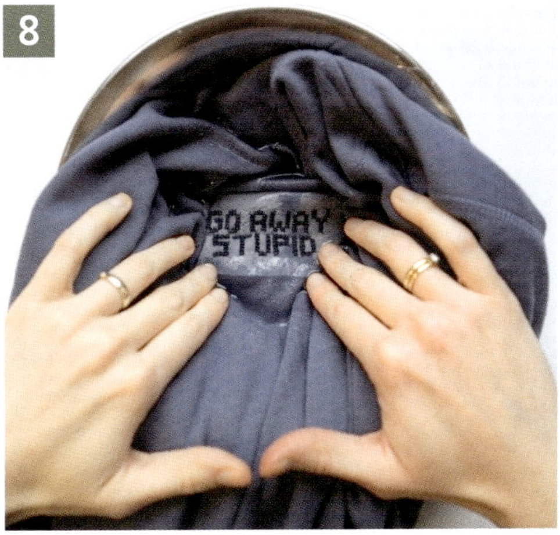

Das Solufix auswaschen und fertig ist dein Hoodie mit Schriftzug. Um die Rückseite deiner Stickerei zu schützen, empfehle ich dir, ein elastisches Vlies aufzubügeln, zum Beispiel die Bügeleinlage H 609 von Vlieseline.

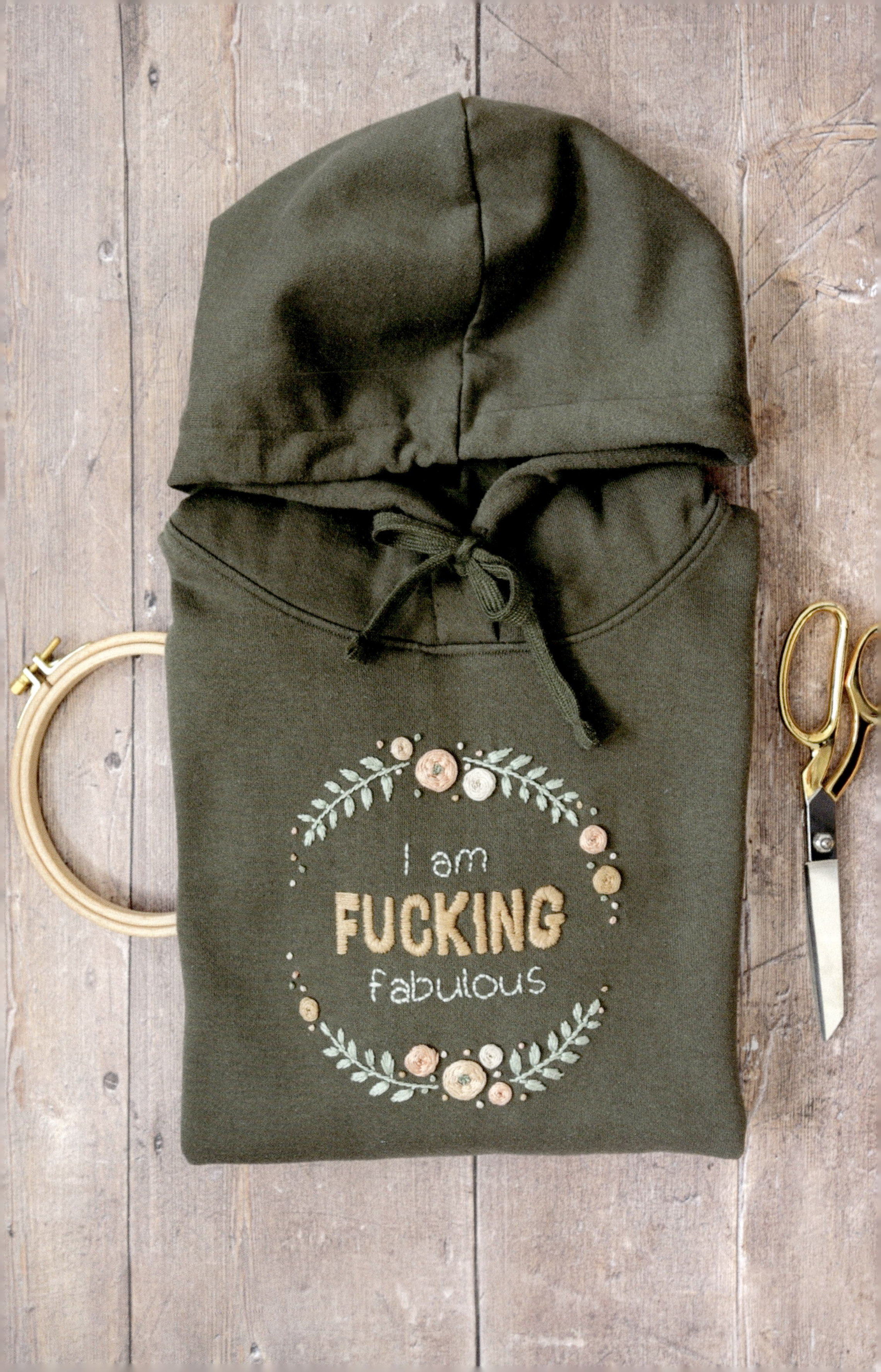
I am
FUCKING
fabulous

I AM FUCKING FABULOUS

Schwierigkeitsgrad
Nimm dir ein bisschen Zeit

„I am FUCKING fabulous" ist eine selbstbewusste und kraftvolle Aussage, die im Wesentlichen bedeutet: „Ich bin absolut großartig und fantastisch". Das Wort „fucking" wird oft als Verstärkung verwendet, um die Intensität oder Überzeugung hinter der Aussage zu betonen. In diesem Kontext drückt die Aussage also ein starkes Selbstbewusstsein und eine positive Selbstwahrnehmung aus.

Material

- Nadeln OHNE Spitze No. 18–24
- Stickschere
- Hoodie in Wunschgröße
- Stickrahmen (Ø 13 cm)
- Wasserlösliches Vlies (Solufix)

Stiche & Garnstärke

- Stielstich (3 Fäden)
- Gewebte Rose (3 Fäden)
- Plattstich (6 Fäden)
- optional Grätenstich (6 Fäden)
- Rückstich (6 Fäden)

Sticktwist nach Wahl

Im Beispiel verwendet: Anchor 1042, 085, 367, 373 (2 Stränge), 885, 868, 858

- Stickvorlage auf Seite 111

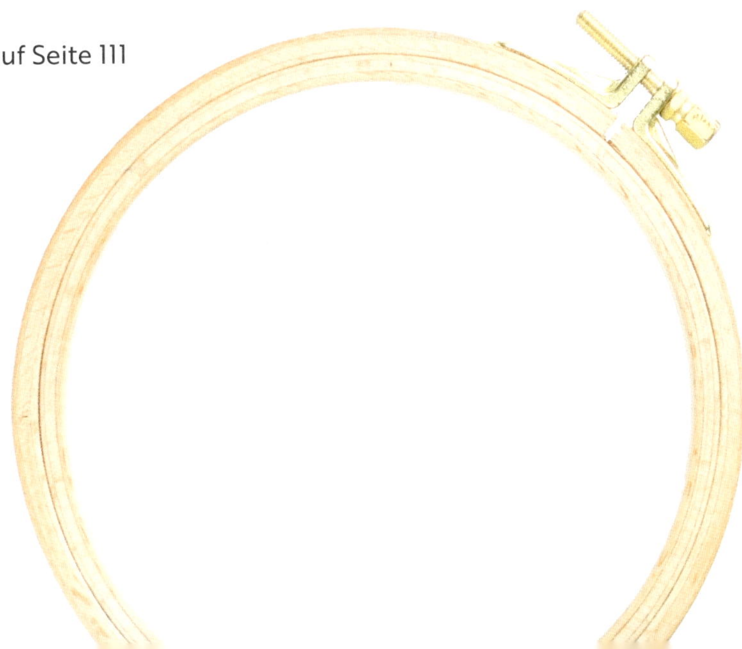

I AM FUCKING FABULOUS

1

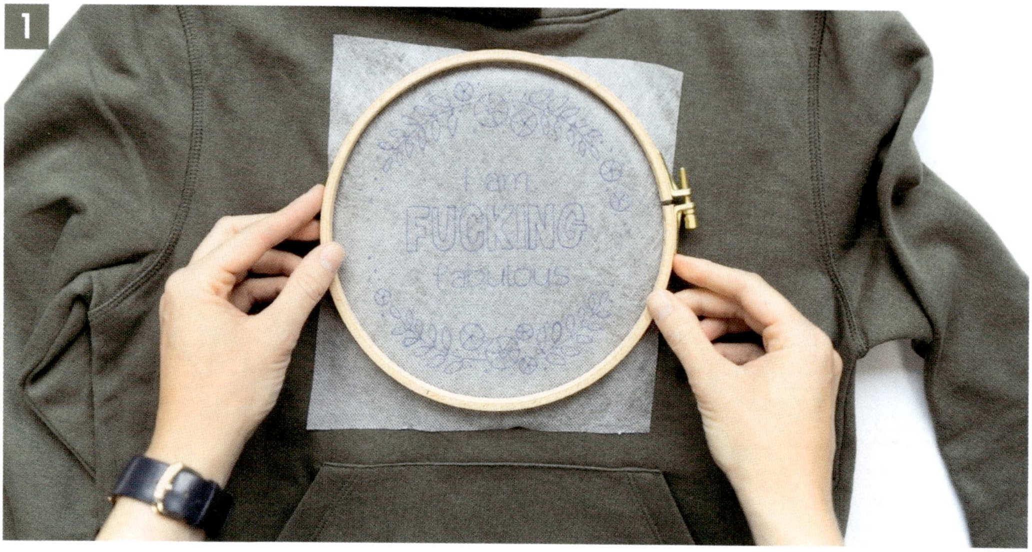

Übertrage die Vorlage auf das Solufix und positioniere das Motiv an der gewünschten Stelle. Entferne die Schutzfolie und klebe das Vlies fest.

2

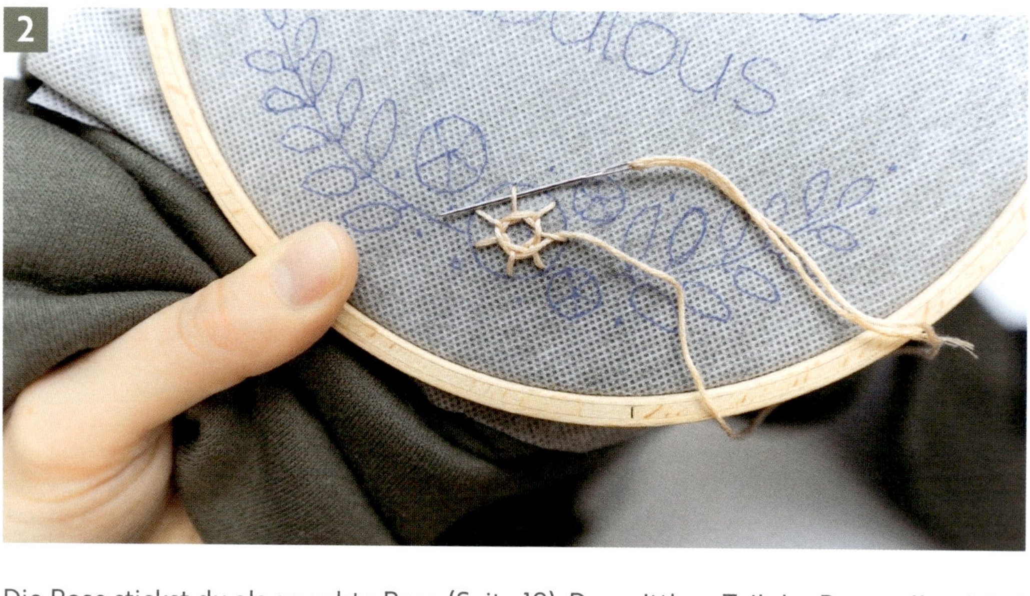

Die Rose stickst du als gewebte Rose (Seite 19). Der mittlere Teil der Rose sollte dabei frei bleiben.

3

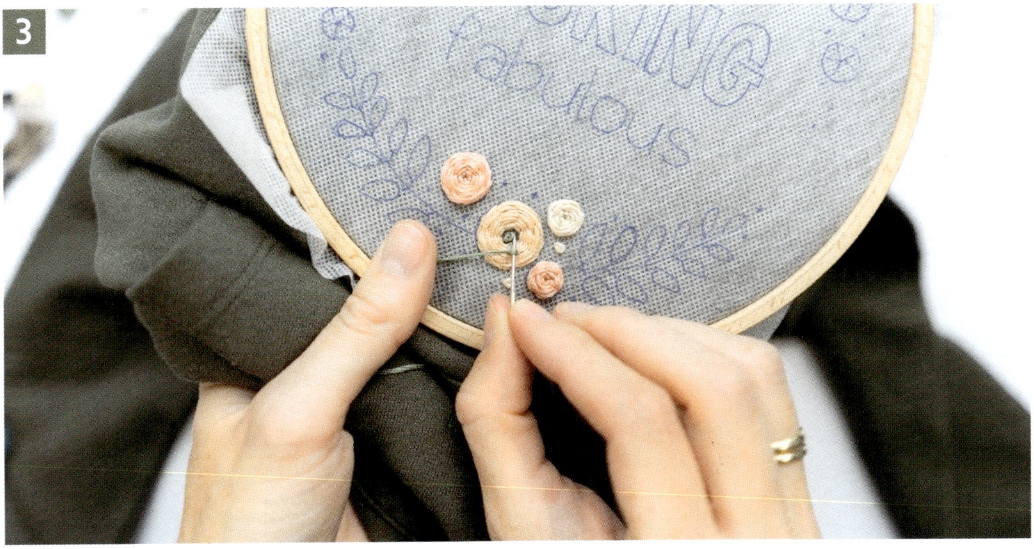

Der innere Teil der Rose wird mit Knötchenstichen ausgefüllt (Seite 19).

4

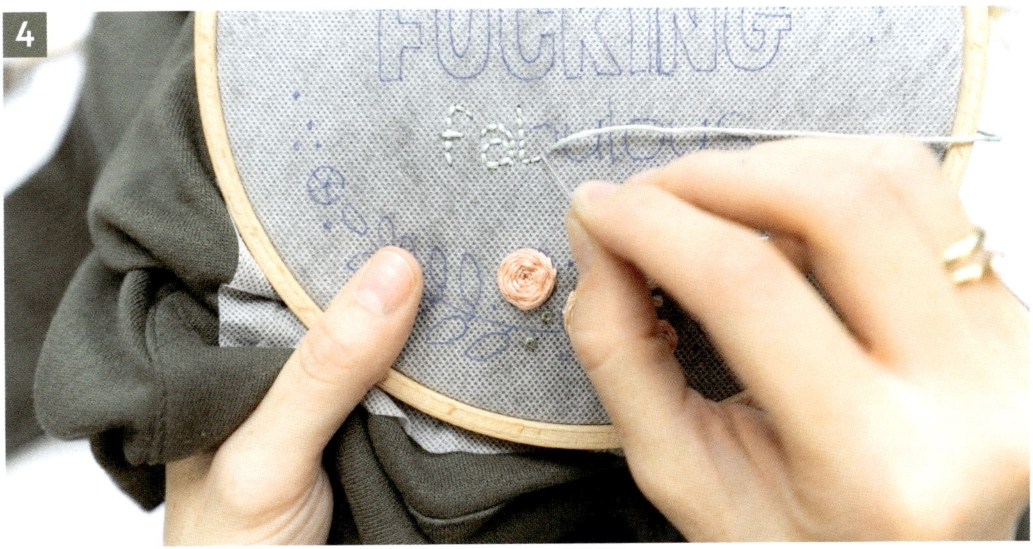

Die Wörter „I am" und „fabulous" stickst du mit dem Rückstich (Seite 17).

I AM FUCKING FABULOUS

5

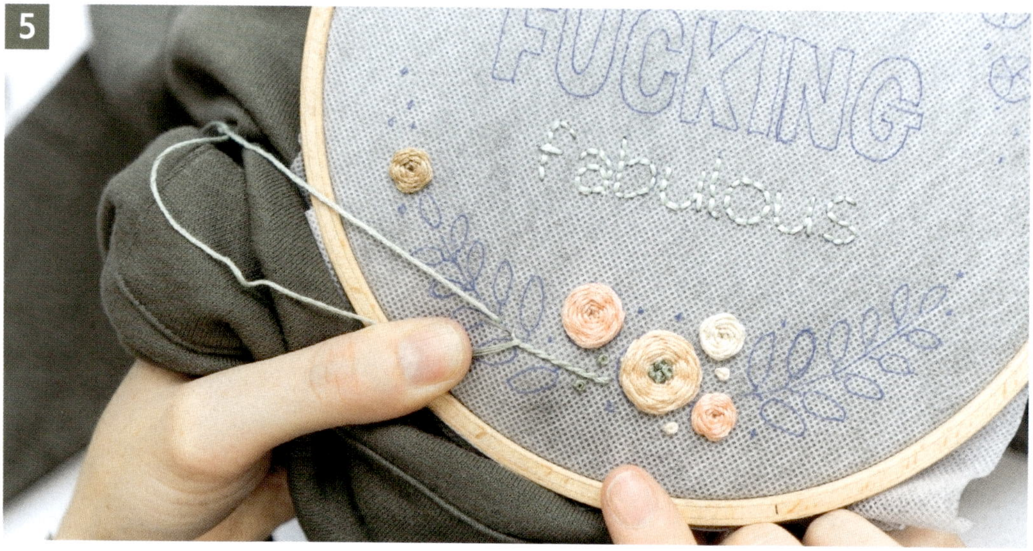

Für die Stiele der kleinen Zweige verwendest du den Stielstich (Seite 18).

6

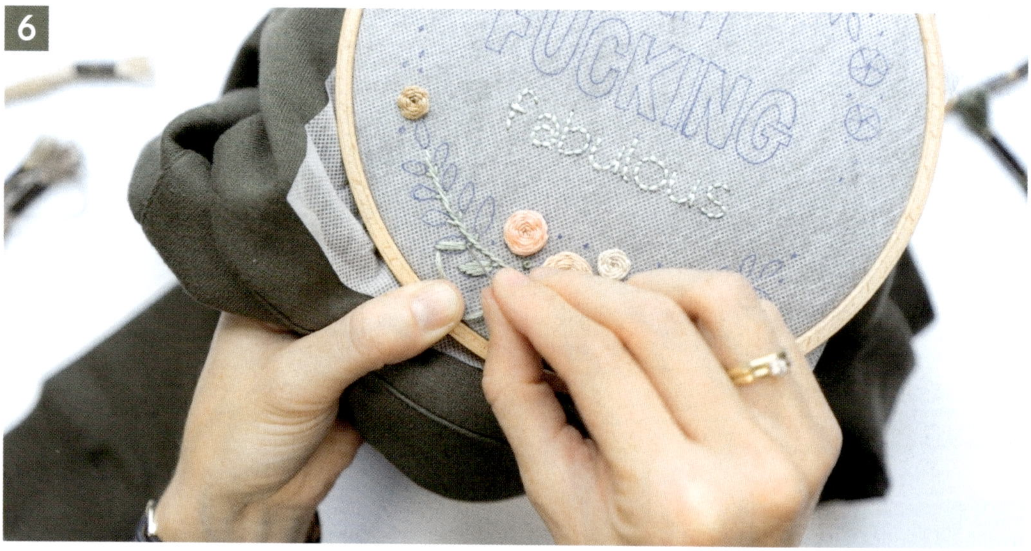

Die einzelnen Blätter kannst du entweder mit dem Plattstich oder auch mit dem Grätenstich sticken (Seite 16).

7

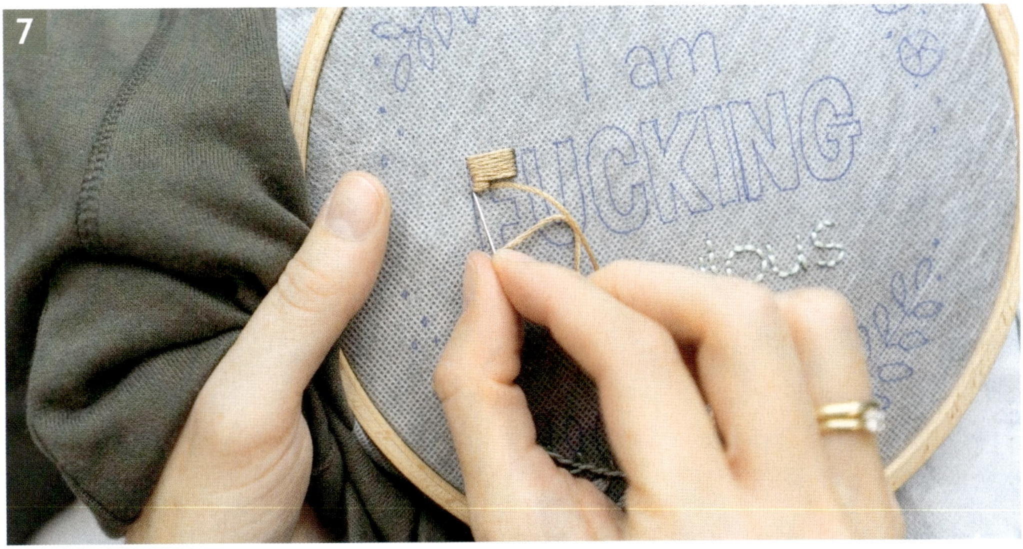

Für den Schriftzug „FUCKING" verwendest du den Plattstich (Seite 18).

8

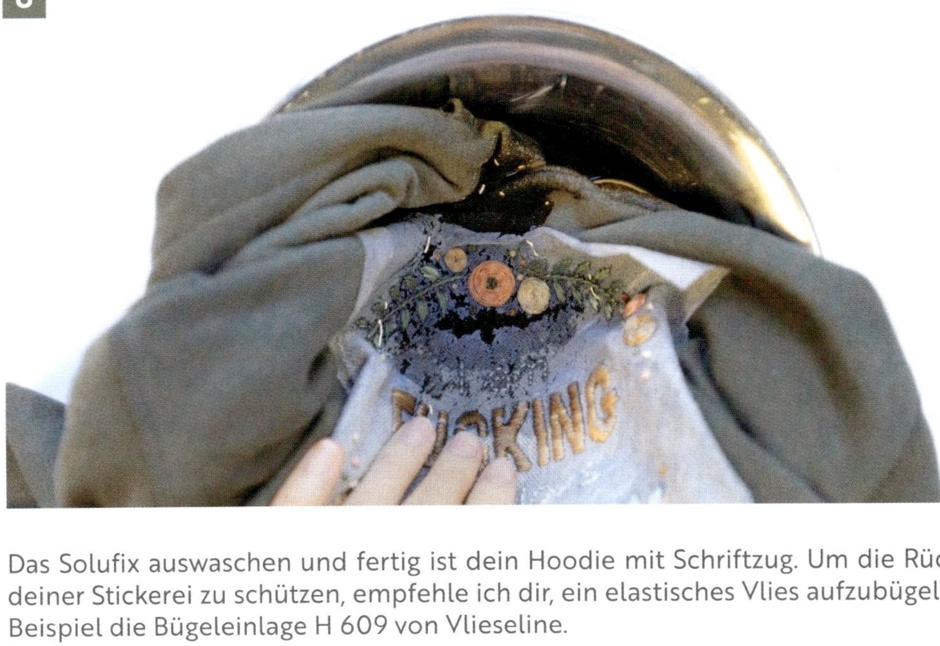

Das Solufix auswaschen und fertig ist dein Hoodie mit Schriftzug. Um die Rückseite deiner Stickerei zu schützen, empfehle ich dir, ein elastisches Vlies aufzubügeln, zum Beispiel die Bügeleinlage H 609 von Vlieseline.

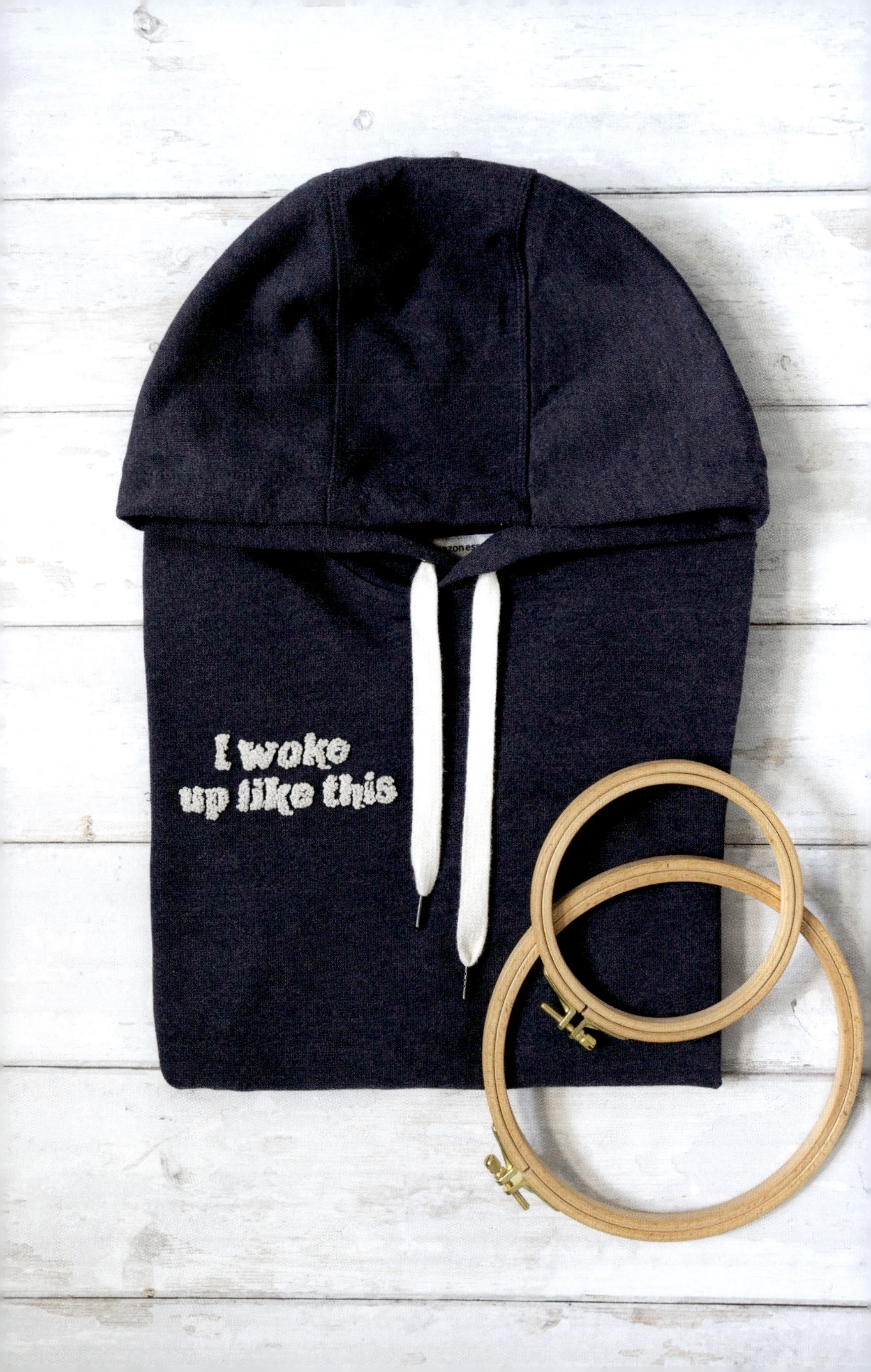
I woke
up like this

I WOKE UP LIKE THIS

Schwierigkeitsgrad
Nimm dir ein bisschen Zeit

Dieses Statement auf deinem Hoodie ist ein Ausdruck von Selbstbewusstsein und Selbstakzeptanz. Es betont den Gedanken, dass du dich so akzeptiert, wie du bist, ohne dich für dein Aussehen oder deinen Zustand rechtfertigen zu müssen. Es kann auch als humorvolle Botschaft verstanden werden, die darauf hinweist, dass du auch nach dem Aufwachen großartig bist. :-)

Material

- Nadeln OHNE Spitze No. 18–24
- Stickschere
- Hoodie in Wunschgröße
- Stickrahmen (Ø 13 cm)
- Wasserlösliches Vlies (Solufix)

Stiche & Garnstärke

- Knötchenstich (3 Fäden)

Sticktwist nach Wahl

Im Beispiel verwendet: Anchor 002 (2 Stränge)

- Stickvorlage auf Seite 112

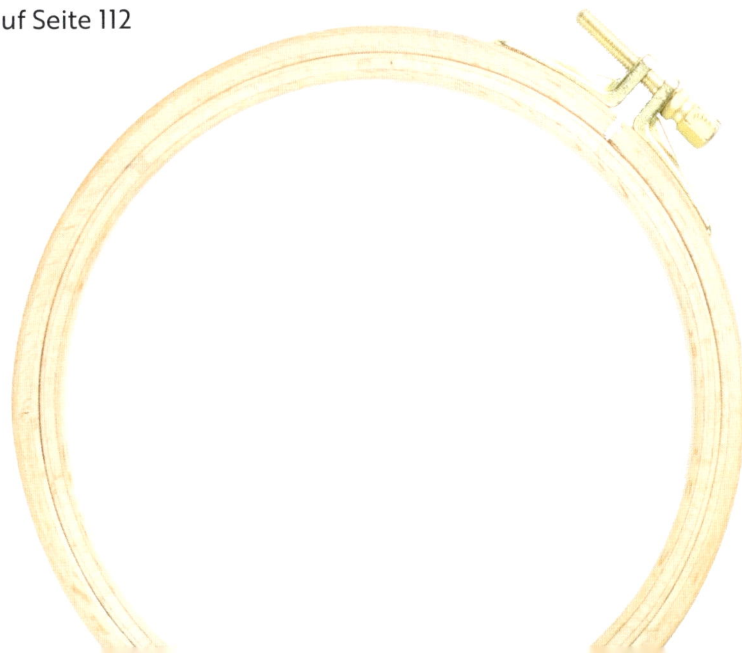

I WOKE UP LIKE THIS

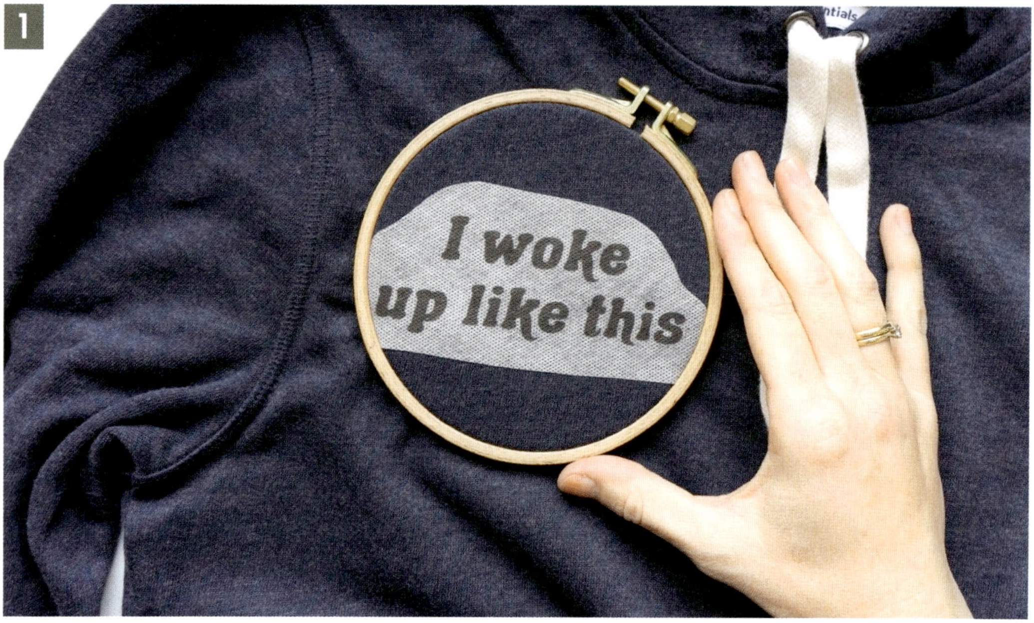

Übertrage die Vorlage auf das Solufix und positioniere das Motiv an der gewünschten Stelle. Entferne die Schutzfolie und klebe das Vlies fest.

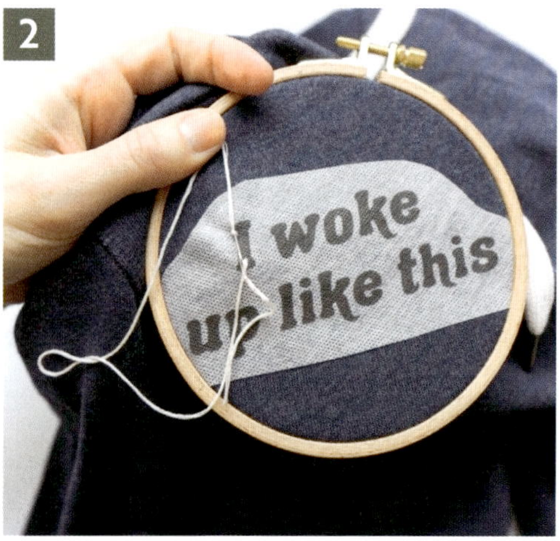

Der gesamte Schriftzug wird bei diesem Projekt mit dem Knötchenstich gestickt (Seite 19).

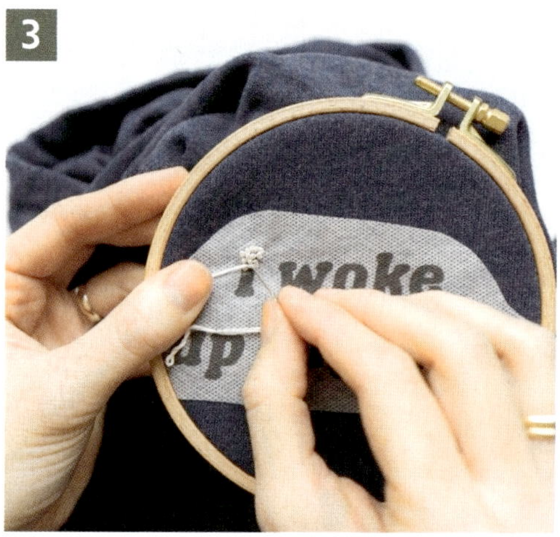

Achte darauf, die einzelnen Knötchen so dicht wie möglich aneinanderzusetzen, damit keine Lücken entstehen.

I WOKE UP LIKE THIS

4

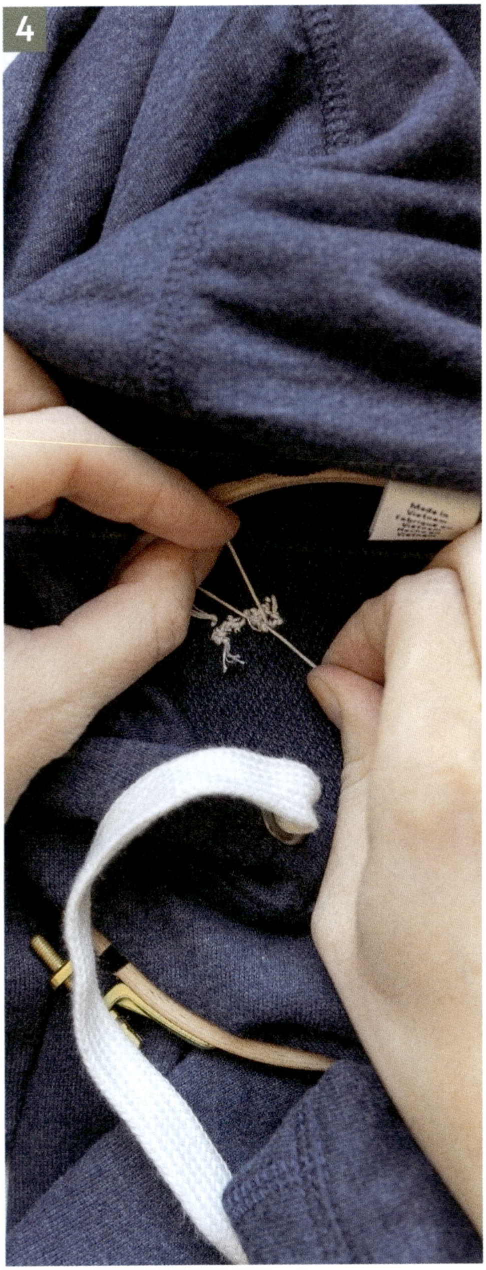

Wenn dein Faden eine Länge von weniger als 5 cm erreicht hat, verknotest du ihn auf der Rückseite und setzt neu an.

5

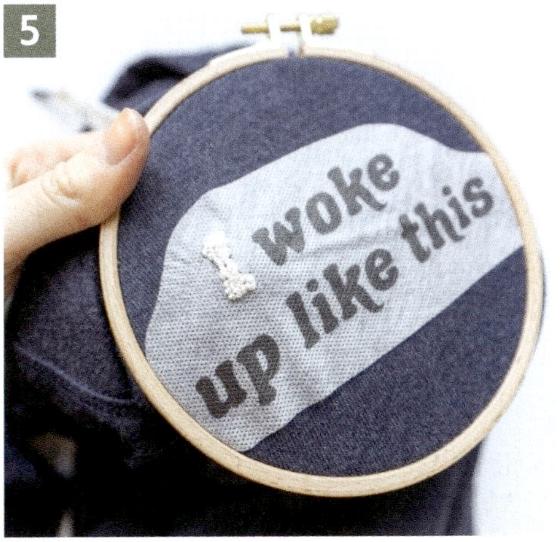

Mit dieser Technik erarbeitest du das gesamte Motiv.

6

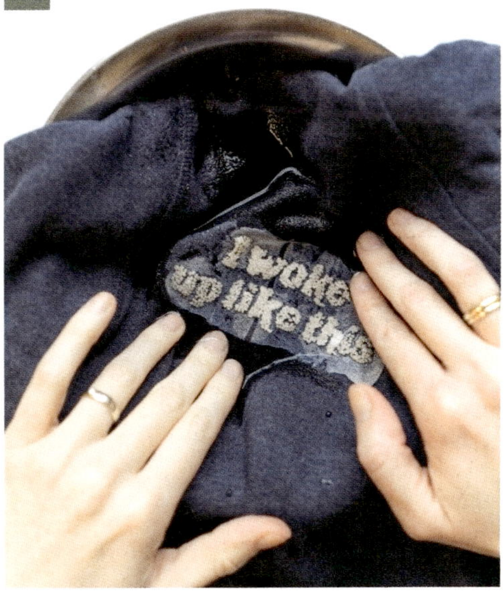

Das Solufix auswaschen. Um die Rückseite deiner Stickerei zu schützen, empfehle ich dir, ein elastisches Vlies aufzubügeln, zum Beispiel die Bügeleinlage H 609 von Vlieseline.

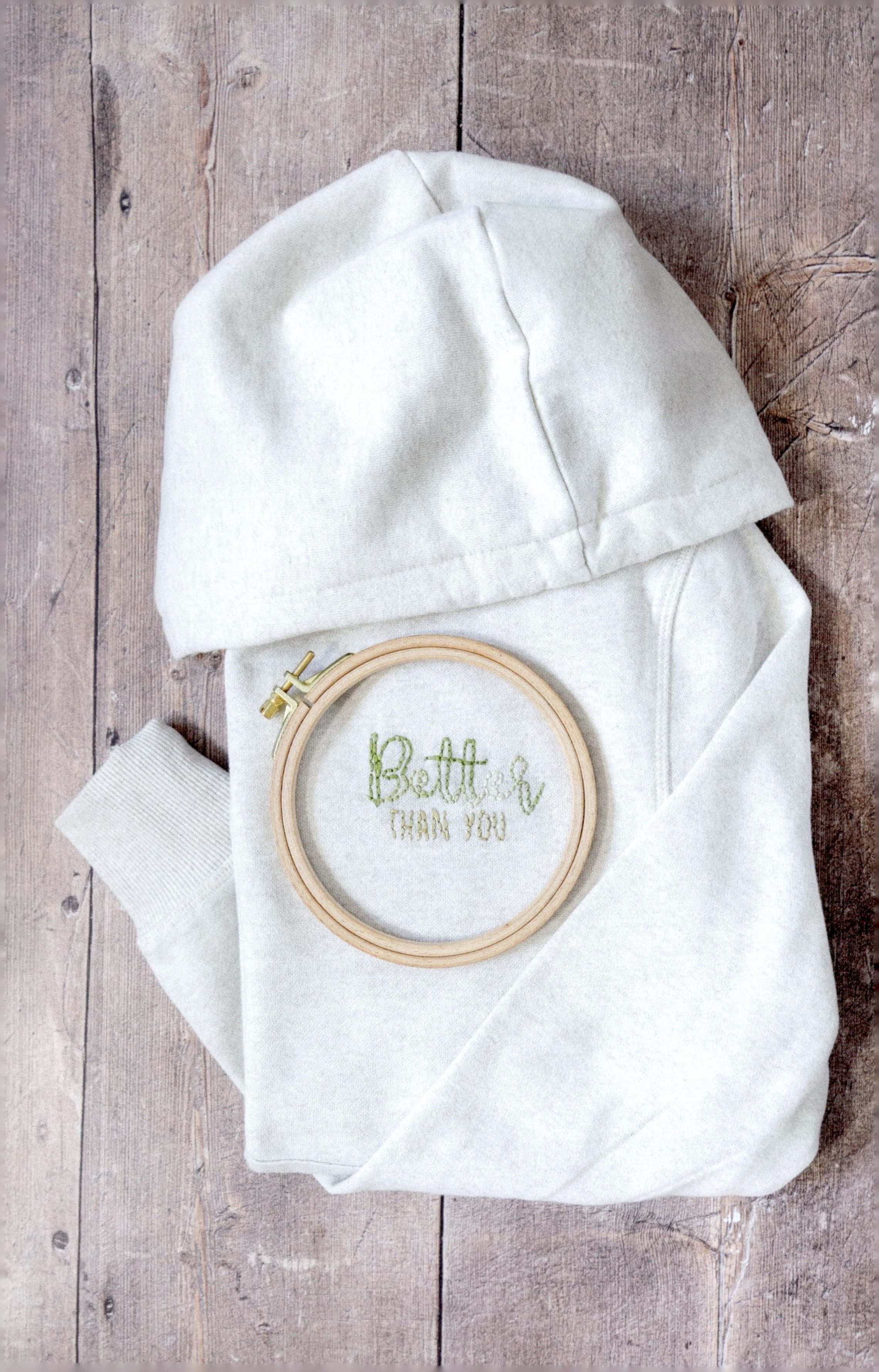
Better
THAN YOU

BETTER THAN YOU

Schwierigkeitsgrad
Das schaffst du locker

„Better Than You" auf deinem Shirt ist eine selbstbewusste Aussage, die darauf hinweist, dass du dich als überlegen oder besser als andere betrachtest. Es kann als provokativ oder arrogant wahrgenommen werden, aber drückt auch ein starkes Selbstvertrauen aus.

Material

- Nadeln OHNE Spitze No. 18–24
- Stickschere
- Hoodie in Wunschgröße
- Stickrahmen (Ø 13 cm)
- Wasserlösliches Vlies (Solufix)

Stiche & Garnstärke

- Rückstich (6 Fäden)

Sticktwist nach Wahl

Im Beispiel verwendet:
Anchor 1216, 945

- Stickvorlage auf Seite 118

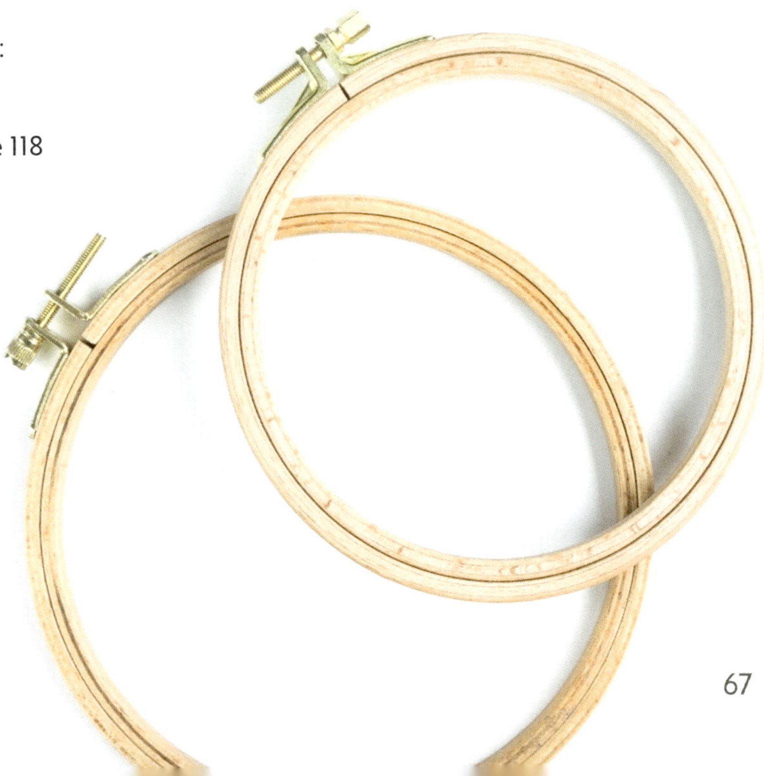

BETTER THAN YOU

1

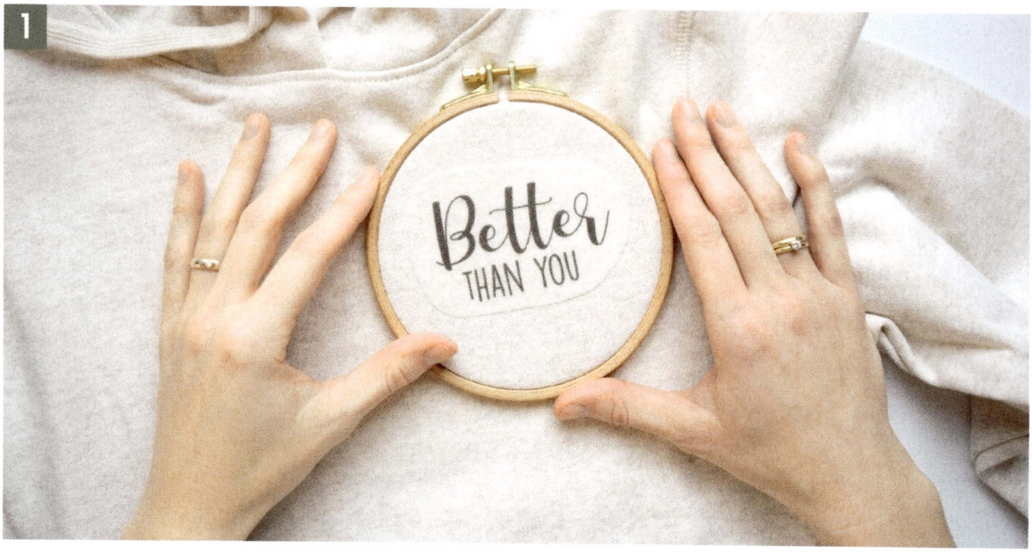

Übertrage die Vorlage auf das Solufix und positioniere das Motiv an der gewünschten Stelle. Entferne die Schutzfolie und klebe das Vlies fest.

2

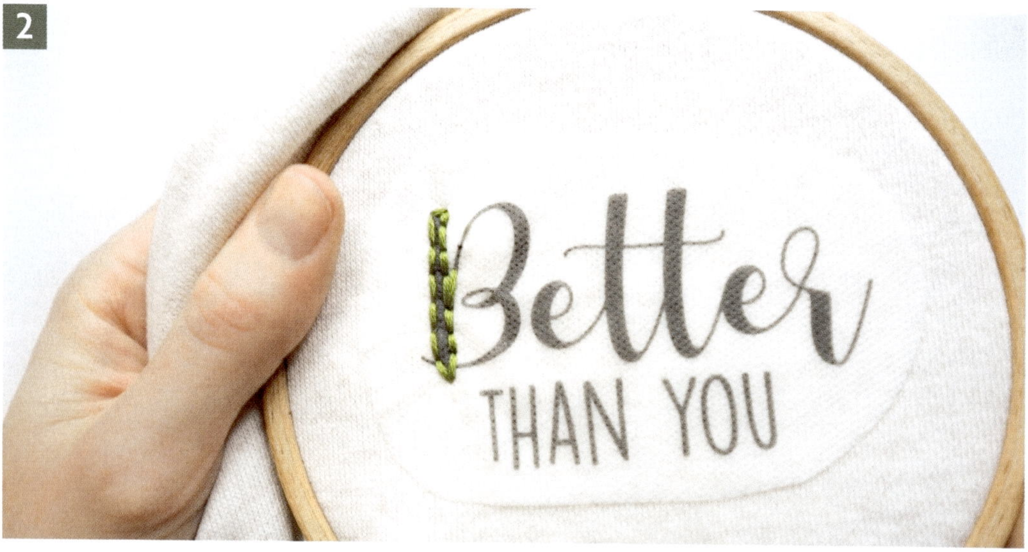

Sticke mit dem Rückstich (Seite 17), und das Wort „Better" mit dem Farbverlaufsgarn. Anders als beim normalen Rückstich stickst du an den breiten Stellen der Buchstaben die Linien nicht hintereinander weg, sondern parallel, damit der Verlauf des Garns schön gleichmäßig ist.

3

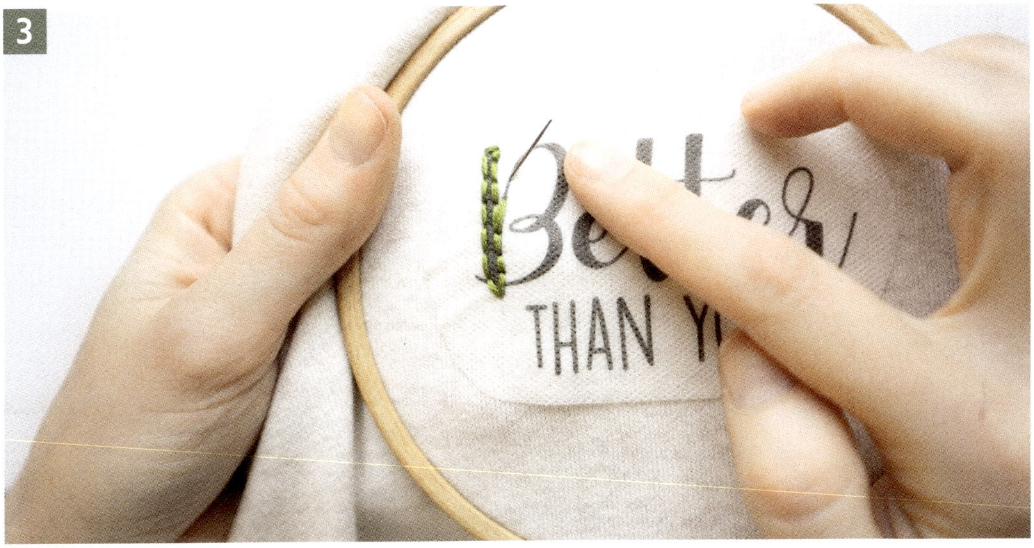

An den schmalen Stellen der Buchstaben stickst du nur eine Linie ...

4

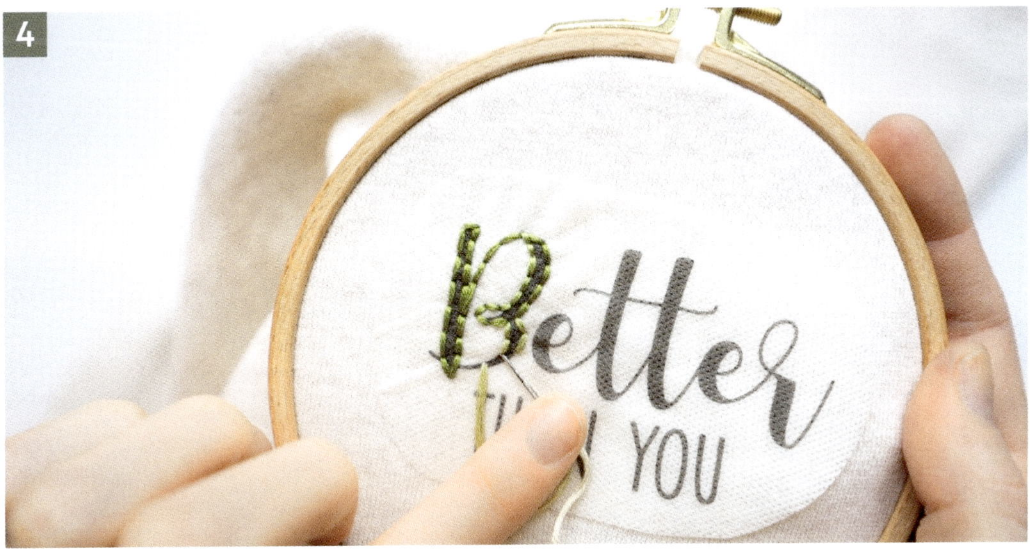

und gehst dann wieder zu den Konturlinien über.

BETTER THAN YOU

5

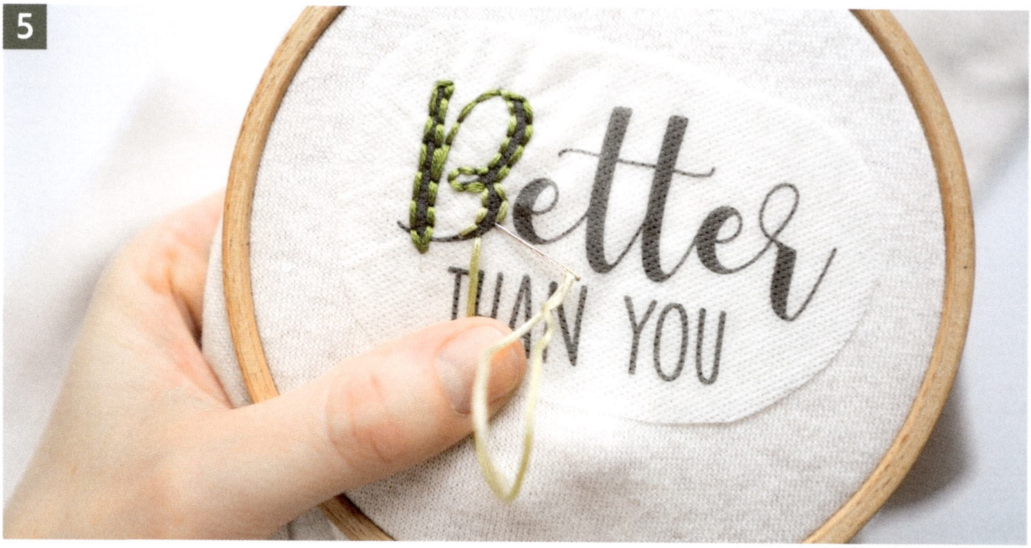

Immer abwechselnd links und dann rechts.

6

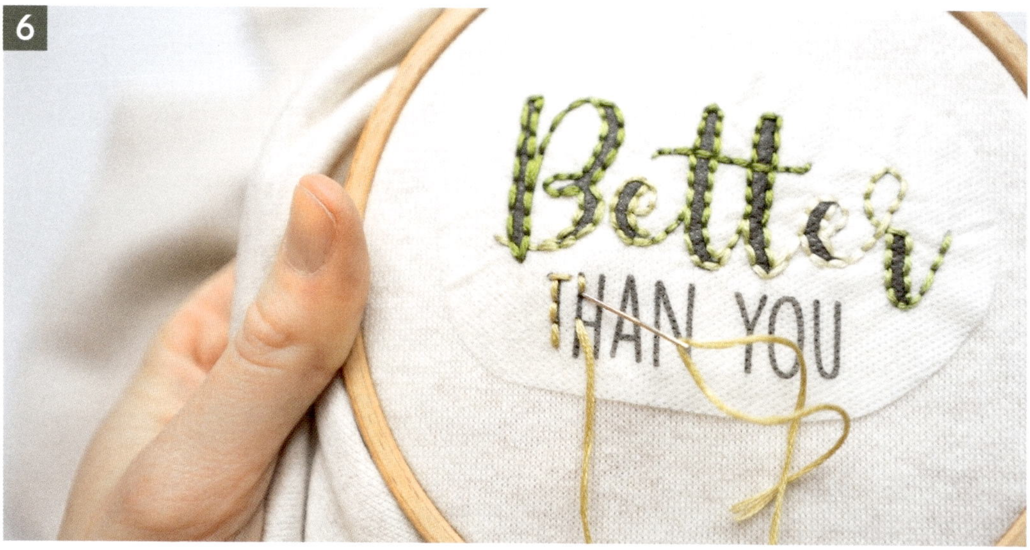

Den Schriftzug „THAN YOU“ stickst du ebenfalls mit dem Rückstich (Seite 17).

7

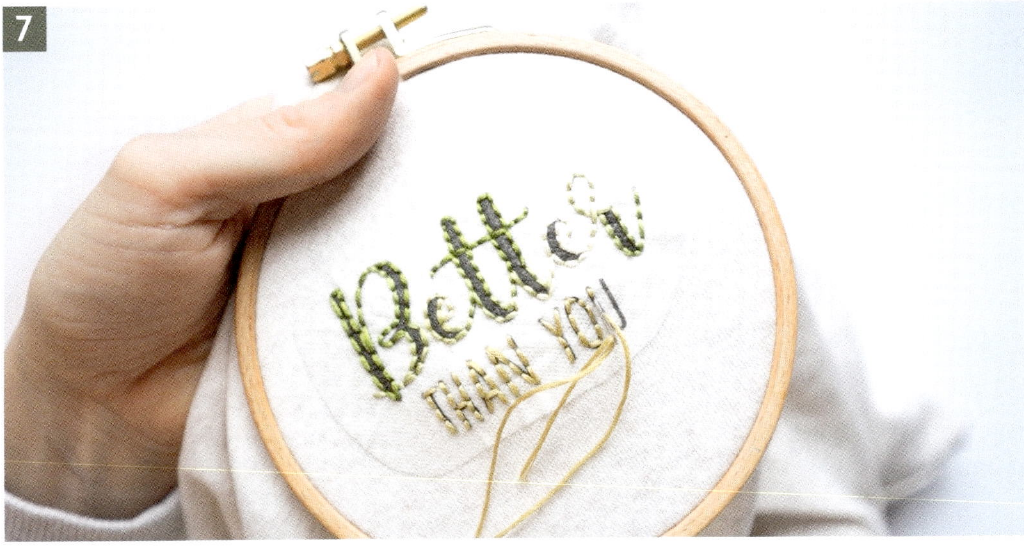

Hier musst du nicht auf den Verlauf des Garns achten.

8

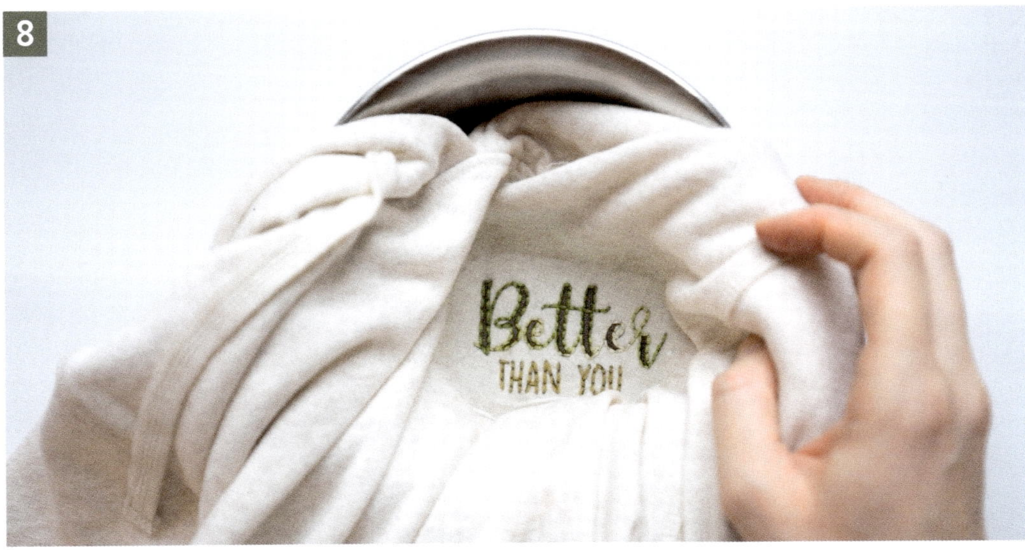

Das Solufix auswaschen und fertig ist dein Hoodie mit Schriftzug. Um die Rückseite deiner Stickerei zu schützen, empfehle ich dir, ein elastisches Vlies aufzubügeln, zum Beispiel die Bügeleinlage H 609 von Vlieseline.

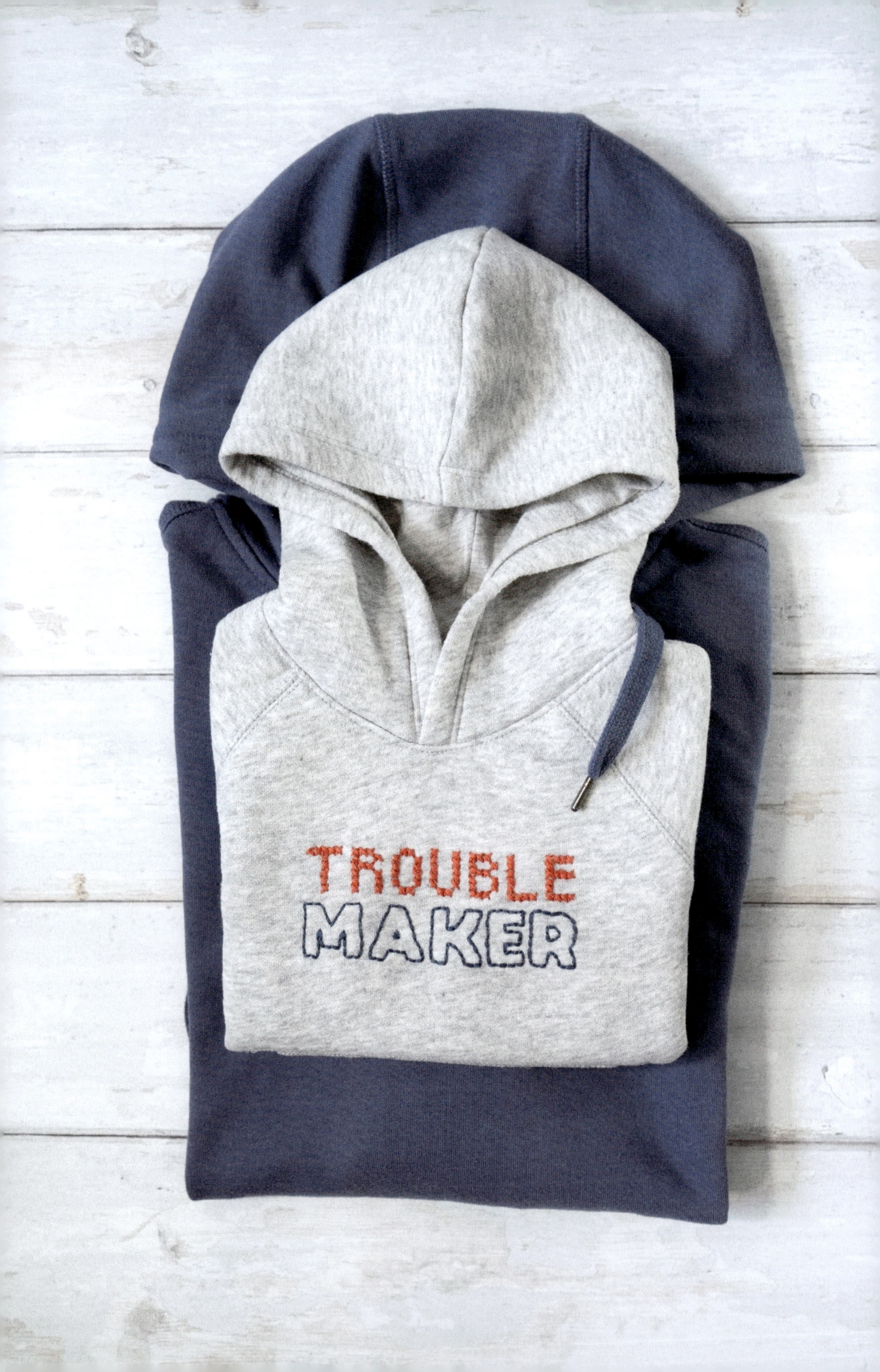
TROUBLE
MAKER

TROUBLE MAKER

Schwierigkeitsgrad
Das schaffst du locker

Mit diesem Motiv vermittelst du eine rebellische oder herausfordernde Haltung. Es kann aussagen, dass du, oder die Person für die du diesen Hoodie machen möchtest, gerne provokativ ist oder sich nicht an die Regeln hält. Es kann auch als Ausdruck von Selbstbewusstsein und Unabhängigkeit interpretiert werden. Insgesamt zeigt es eine gewisse „bad girl“ oder „bad boy“ Attitüde.

Material

- Nadeln OHNE Spitze No. 18–24
- Stickschere
- Hoodie in Wunschgröße
- Stickrahmen (Ø 13 cm)
- Wasserlösliches Vlies (Solufix)

Stiche & Garnstärke

- Kreuzstich (6 Fäden)
- Rückstich (6 Fäden)

Sticktwist nach Wahl

Im Beispiel verwendet: Anchor 1036, 1025

- Stickvorlage auf Seite 113

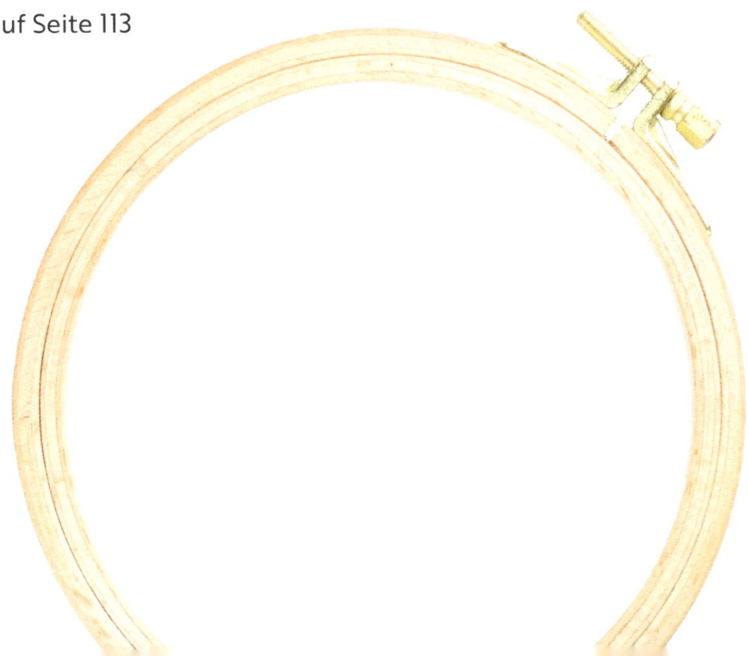

TROUBLE MAKER

1

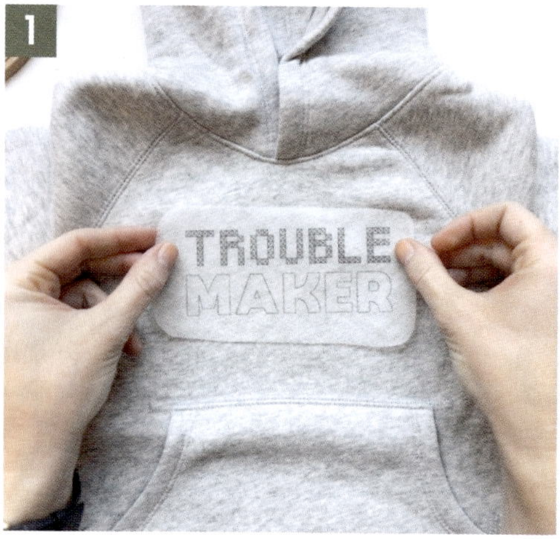

Übertrage die Vorlage auf das Solufix und positioniere das Motiv an der gewünschten Stelle. Entferne die Schutzfolie und klebe das Vlies fest.

2

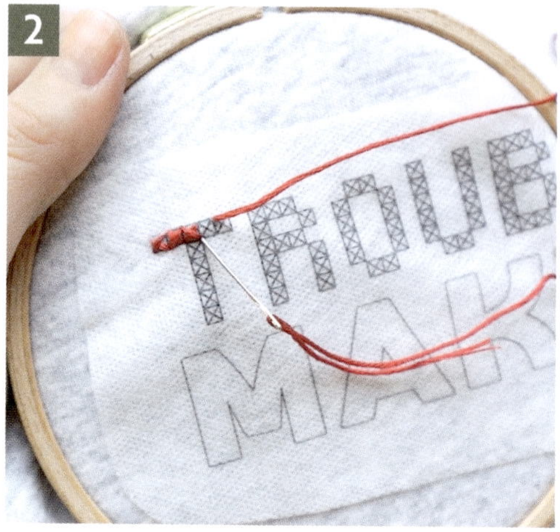

Für das Wort „TROUBLE" verwendest du den Kreuzstich. Dafür stichst du pro Kreuzstich in einem gedachten Quadrat die Nadel oben rechts ein und stichst dann die Nadel diagonal unten links wieder aus.

3

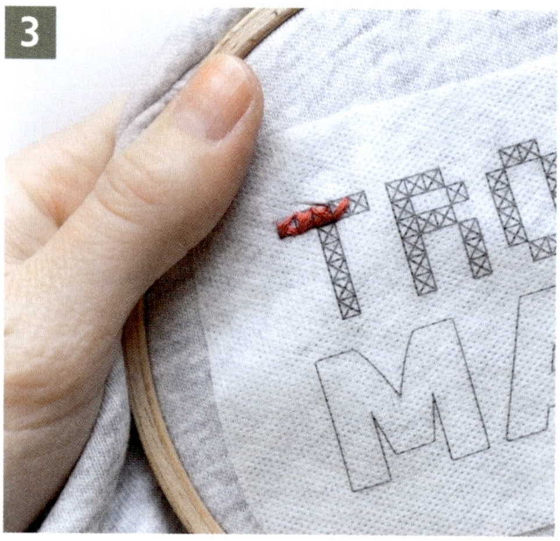

Jetzt stichst du mit der Nadel im Quadrat oben links durch den Stoff aus.

4

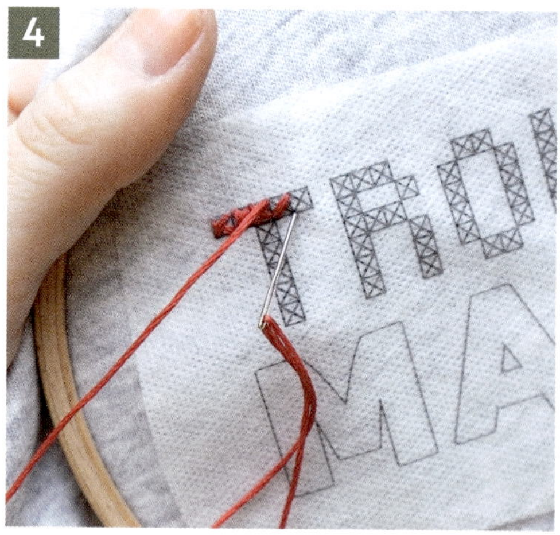

Um den Stich abzuschließen, stichst du die Nadel diagonal unten rechts durch den Stoff ein.

5

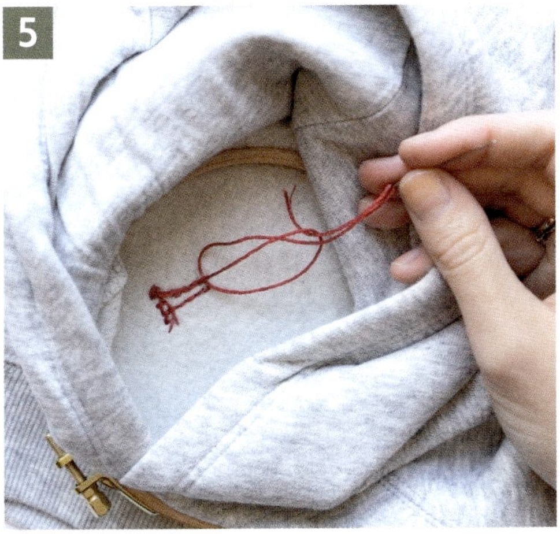

Vernähe auf der Rückseite sorgfältig, damit sich kein Faden lösen kann.

6

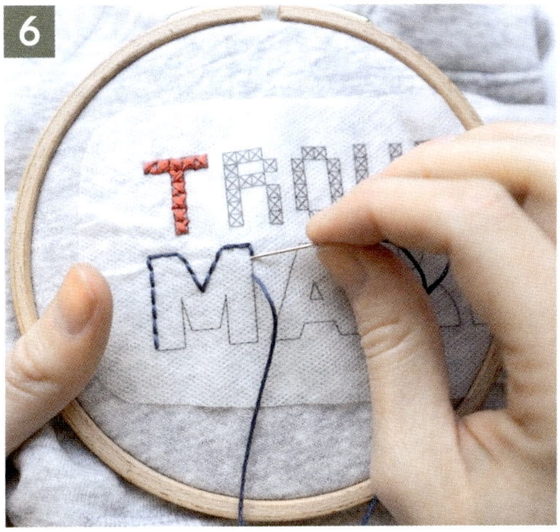

Die Kontur des Wortes „MAKER" stickst du mit dem Rückstich (Seite 17) – optional kannst du die Buchstaben mit dem versetzten Plattstich füllen (Seite 18).

7

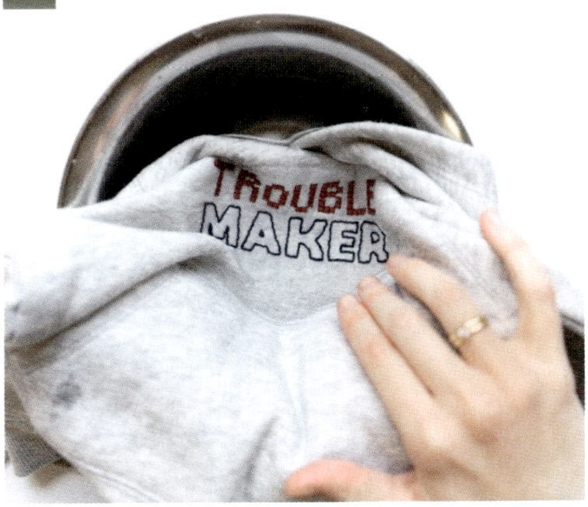

Das Solufix auswaschen und fertig ist dein Hoodie mit Schriftzug.

8

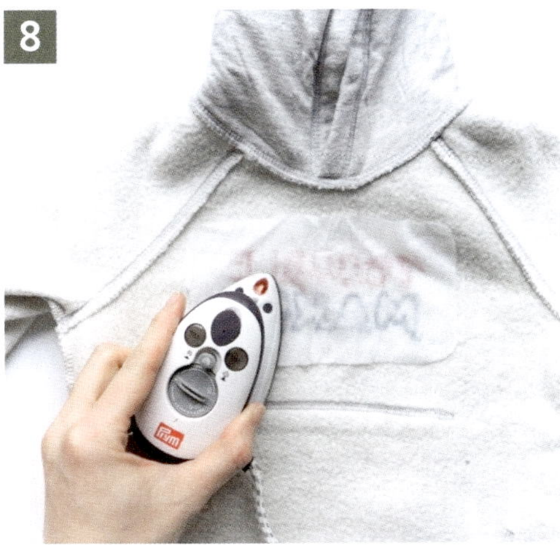

Um die Rückseite deiner Stickerei zu schützen, empfehle ich dir, ein elastisches Vlies aufzubügeln, zum Beispiel die Bügeleinlage H 609 von Vlieseline.

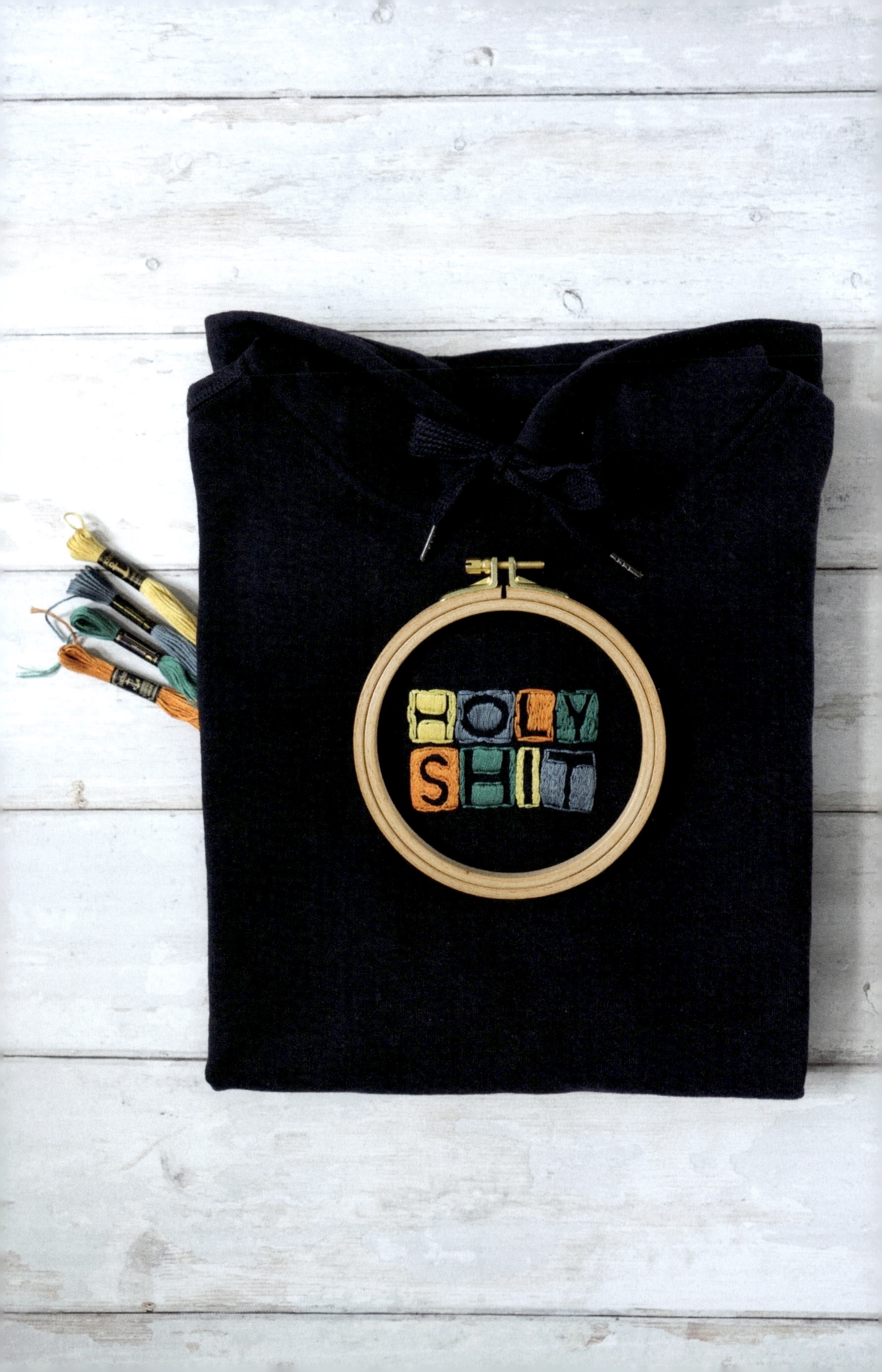
HOLY
SHIT

HOLY SHIT

Schwierigkeitsgrad
Nimm dir ein bisschen Zeit

„Holy shit" ist ein umgangssprachlicher Ausdruck im Englischen, der oft als Ausruf der Überraschung, des Erstaunens oder der Bestürzung verwendet wird. In ähnlichem Kontext könnte man auch „Oh mein Gott" oder „Krass" verwenden.

Material

- Nadeln OHNE Spitze No. 18–24
- Stickschere
- Hoodie in Wunschgröße
- Stickrahmen (Ø 13 cm)
- Wasserlösliches Vlies (Solufix)

Stiche & Garnstärke

- Plattstich (6 Fäden)
- Rückstich (6 Fäden)

Sticktwist nach Wahl

Im Beispiel verwendet: Anchor 1076, 305, 921, 324

- Stickvorlage auf Seite 120

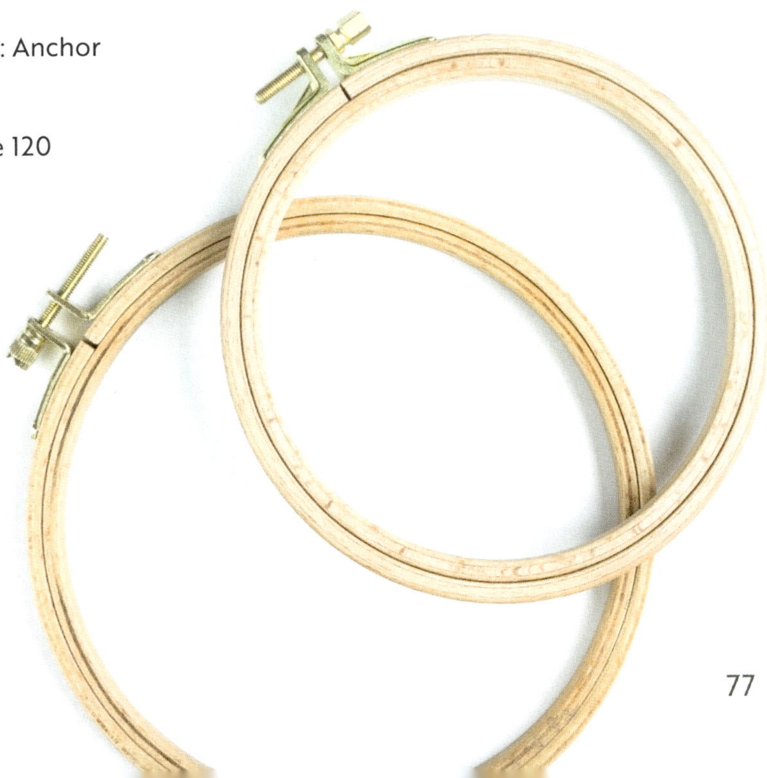

HOLY SHIT

1

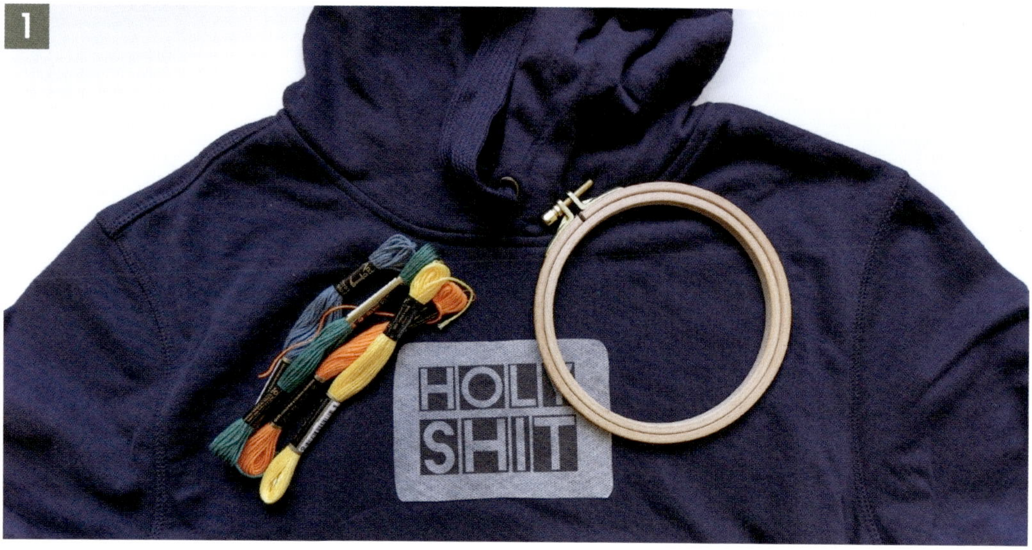

Übertrage die Vorlage auf das Solufix und positioniere das Motiv an der gewünschten Stelle. Entferne die Schutzfolie und klebe das Vlies fest.

2

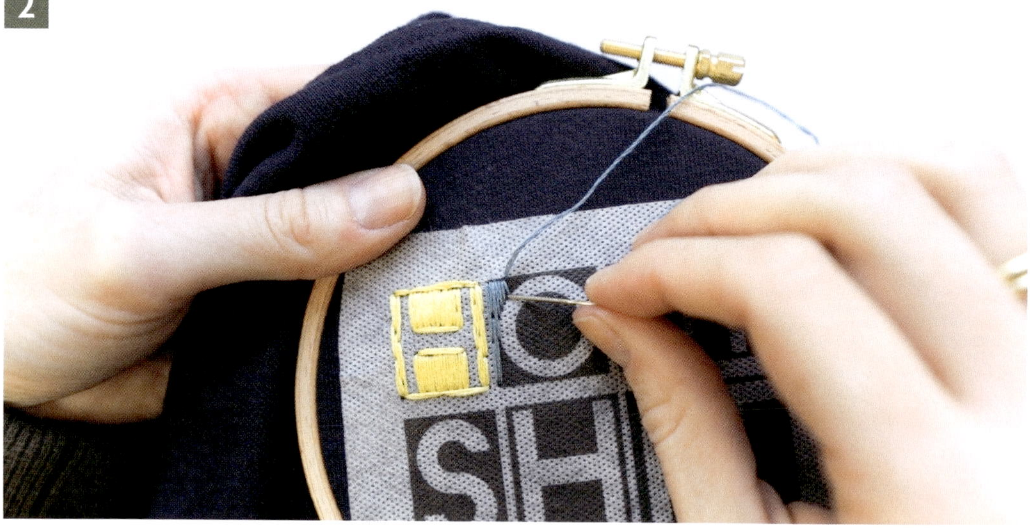

Für die Hintergrundflächen der einzelnen Buchstaben verwendest du den Plattstich bzw. den versetzten Plattstich (Seite 18).

3

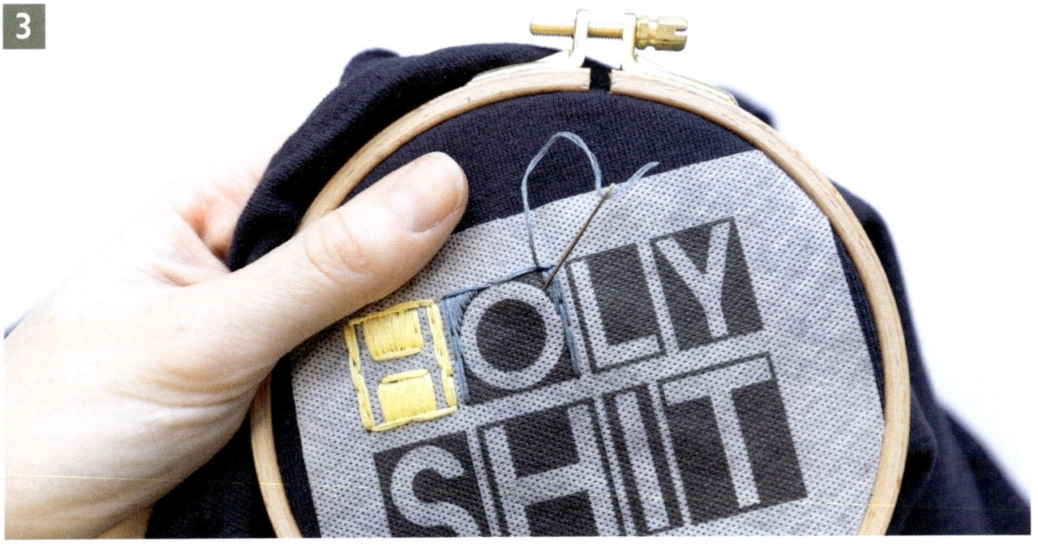

Die einzelnen Felder der Buchstaben umrandest du mit großen Rückstichen (Seite 17), siehe dazu auch Schritt 6.

4

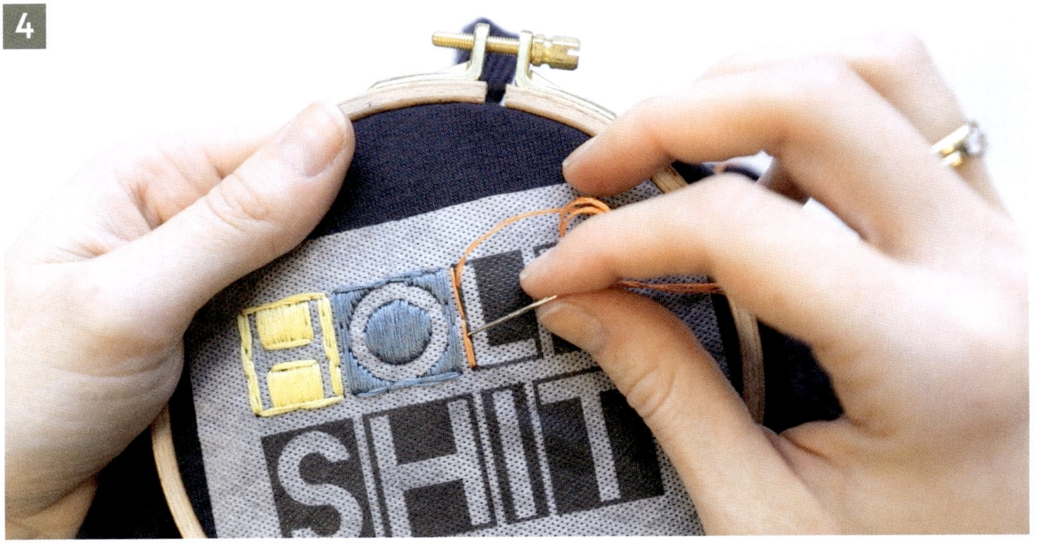

Achte darauf, die Stiche möglichst dicht aneinanderzusetzen, damit keine Lücken entstehen.

HOLY SHIT

5

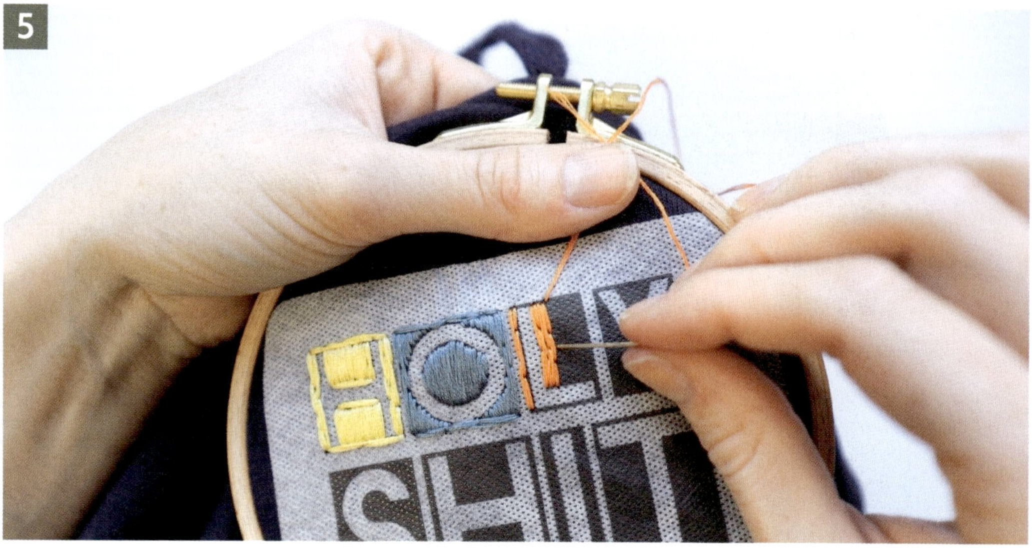

Jeden Buchstaben stickst du in einer anderen Farbe.

6

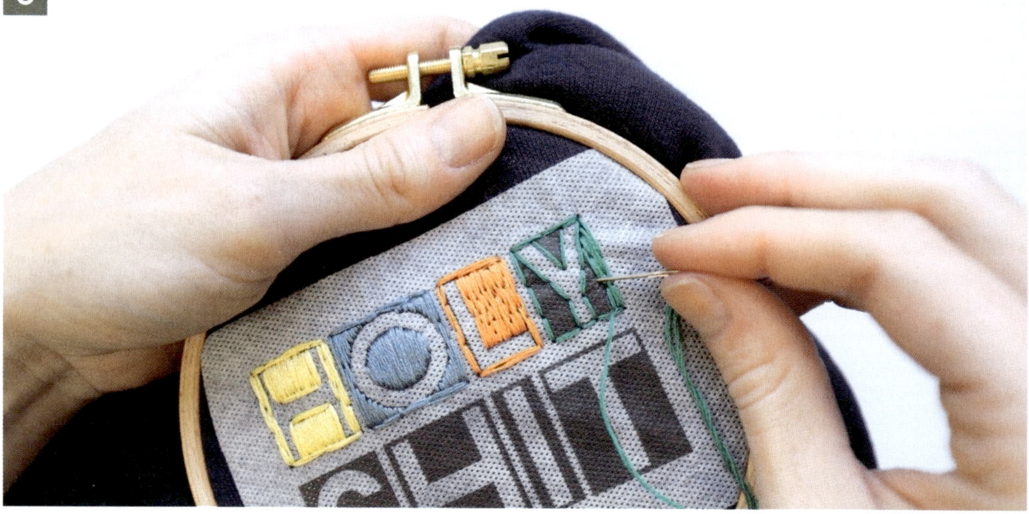

Es kann hilfreich sein, wenn du zuerst den eigentlichen Buchstaben mit einem Rückstich umrandest und anschließend die Flächen ausfüllst.

7

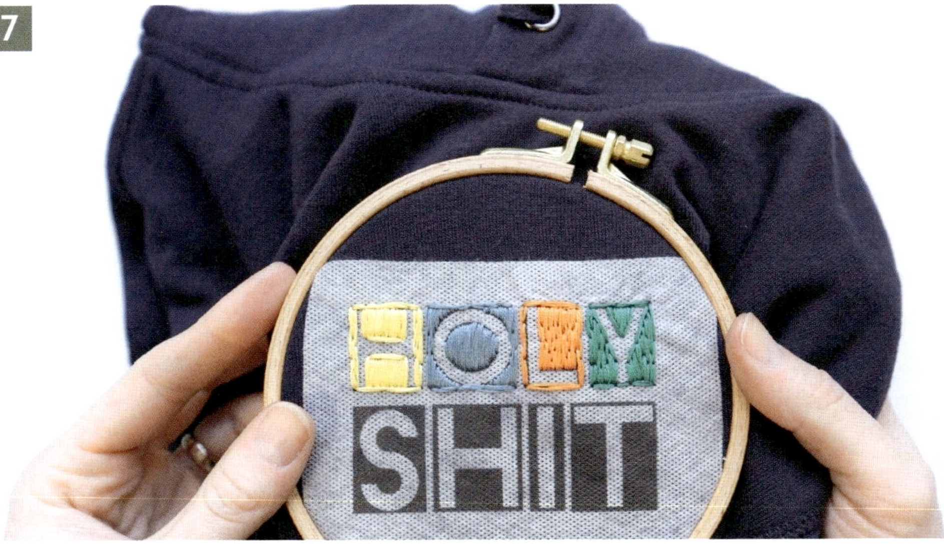

Nach diesem Prinzip erarbeitest du das gesamte Motiv.

8

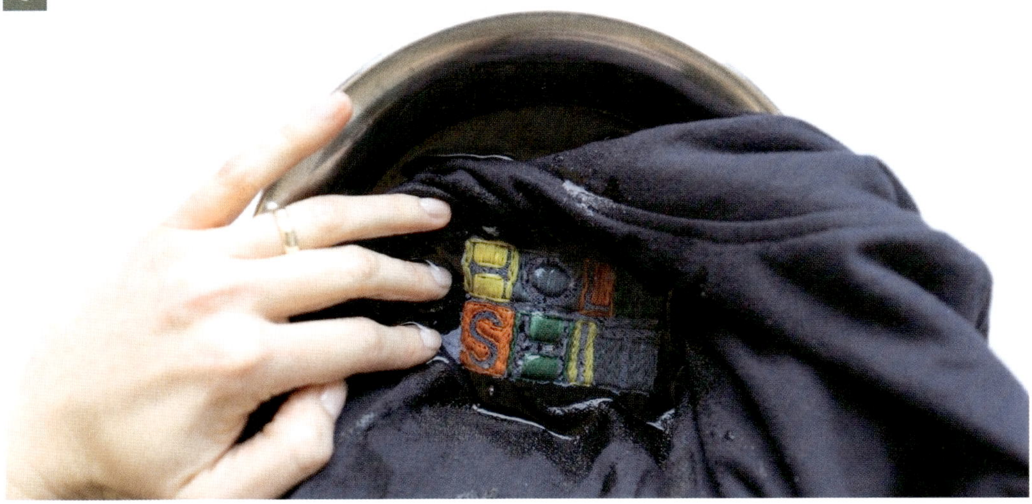

Das Solufix auswaschen und fertig ist dein Hoodie mit Schriftzug. Um die Rückseite deiner Stickerei zu schützen, empfehle ich dir, ein elastisches Vlies aufzubügeln, zum Beispiel die Bügeleinlage H 609 von Vlieseline.

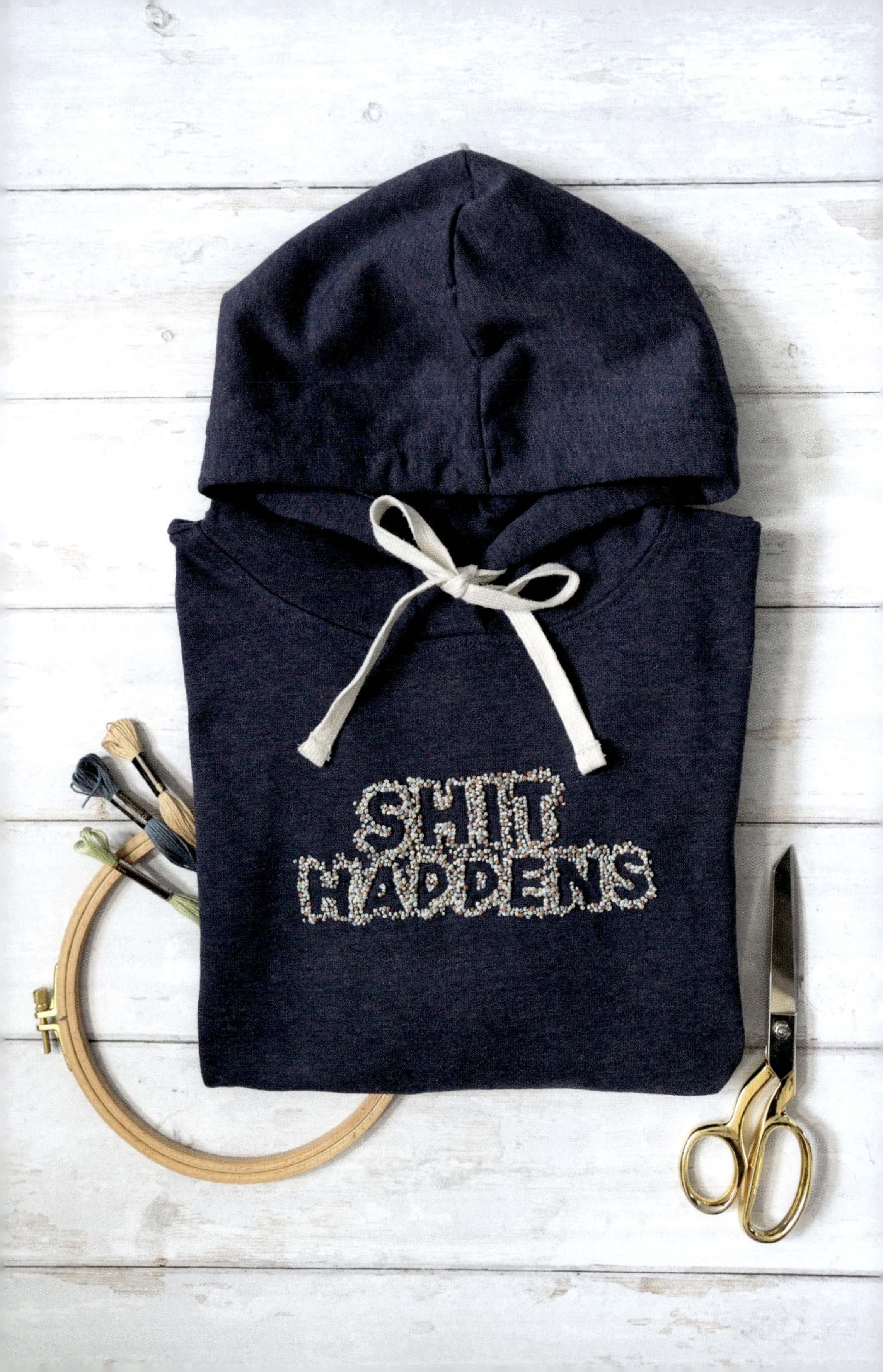
SHIT
HAPPENS

SHIT HAPPENS

Schwierigkeitsgrad
Nimm dir ein bisschen Zeit

Mit dieser Stickerei drückst du deine Akzeptanz unglücklicher Umstände aus. Man könnte es mit „So ist das Leben" oder „Das Leben ist kein Ponyhof" übersetzen. Dahinter steht der Gedanke, dass manche Dinge außerhalb unserer Kontrolle liegen und wir lernen müssen, damit umzugehen.

Material

- Nadeln OHNE Spitze No. 18–24
- Stickschere
- Hoodie in Wunschgröße
- Stickrahmen (Ø 13 cm)
- Wasserlösliches Vlies (Solufix)

Sticktwist nach Wahl

Im Beispiel verwendet: Anchor 343, 1007, 259, 962 (je 2 Stränge)

- Stickvorlage auf Seite 117

Stiche & Garnstärke

- Knötchenstich (6 Fäden)

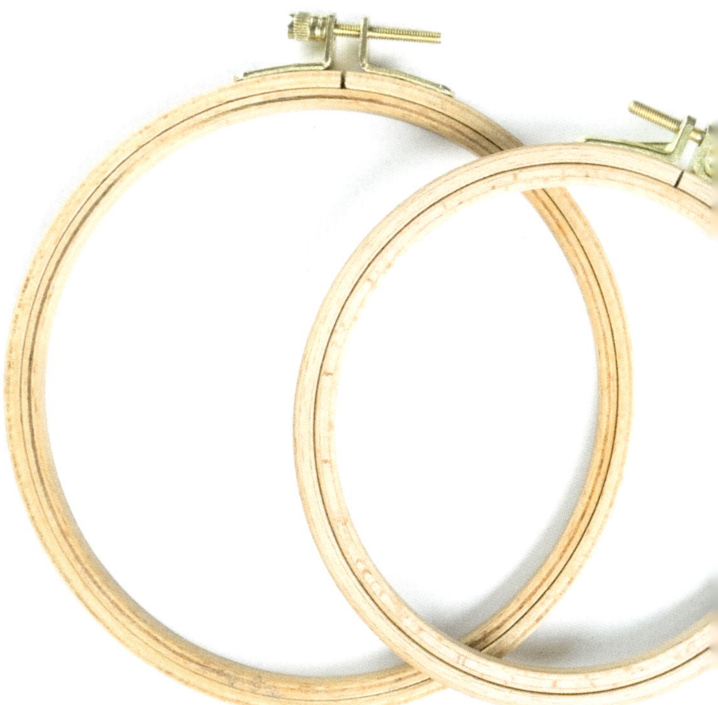

SHIT HAPPENS

1

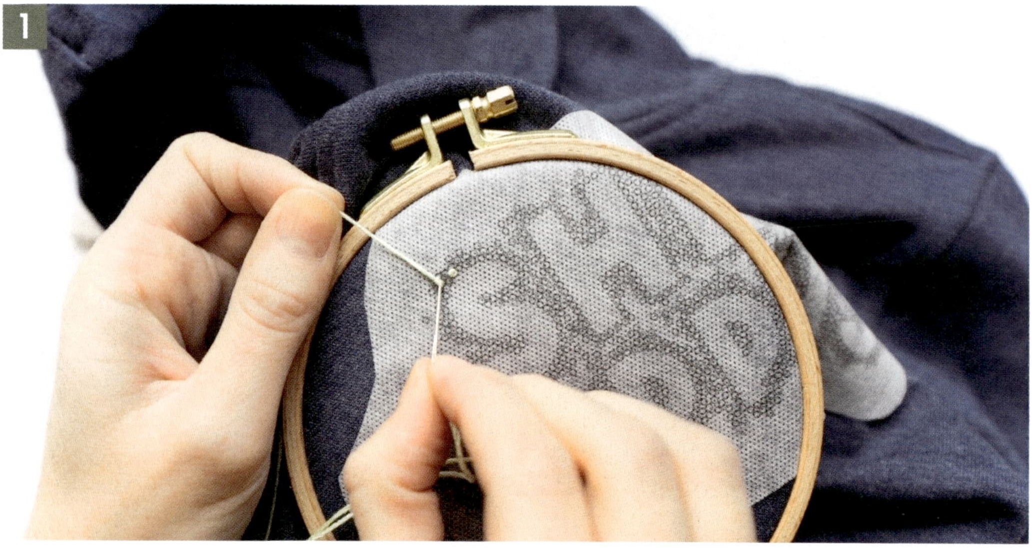

Übertrage die Vorlage auf das Solufix und positioniere das Motiv an der gewünschten Stelle. Entferne die Schutzfolie und klebe das Vlies fest.

2

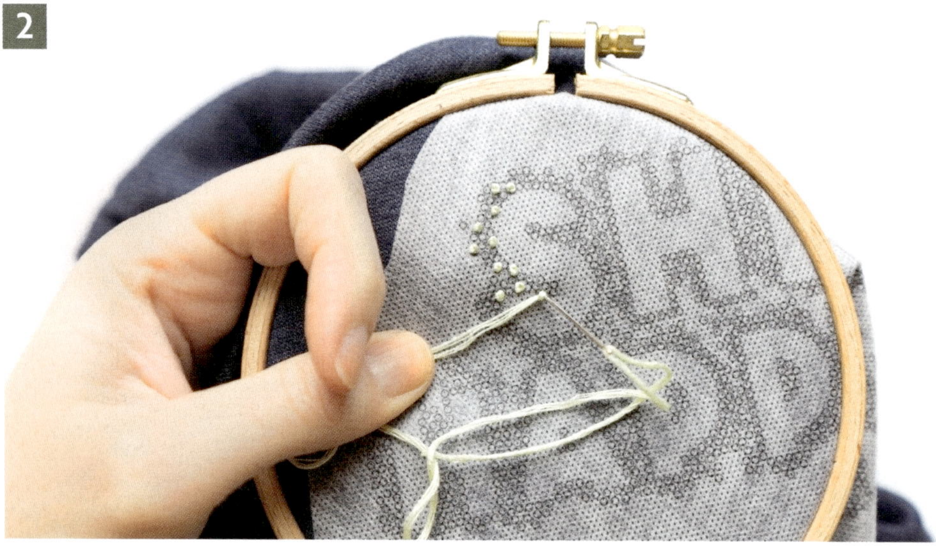

Der gesamte Schriftzug wird bei diesem Projekt mit dem Knötchenstich gestickt (Seite 19).

3

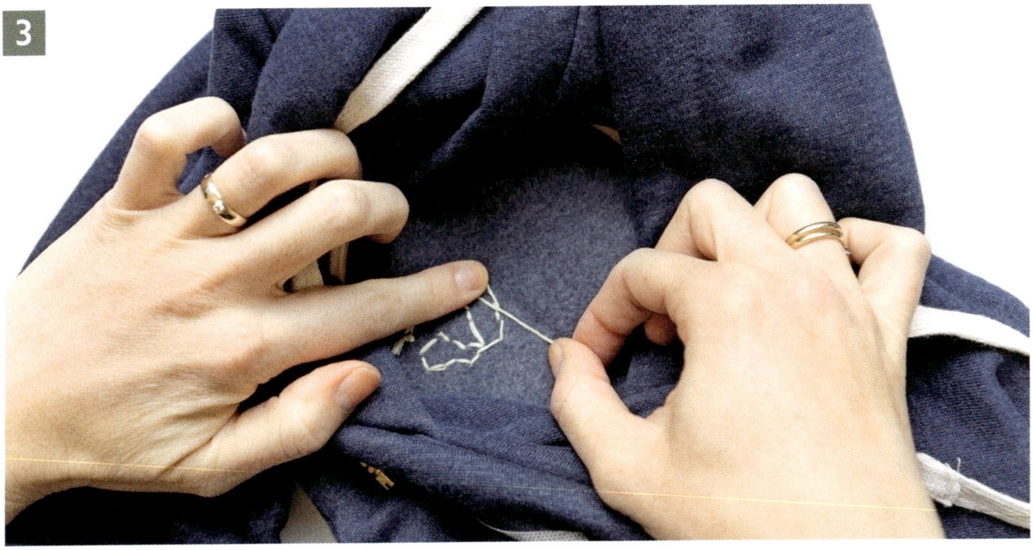

Wenn dein Faden eine Länge von weniger als 5 cm erreicht hat, verknotest du ihn auf der Rückseite und setzt neu an.

4

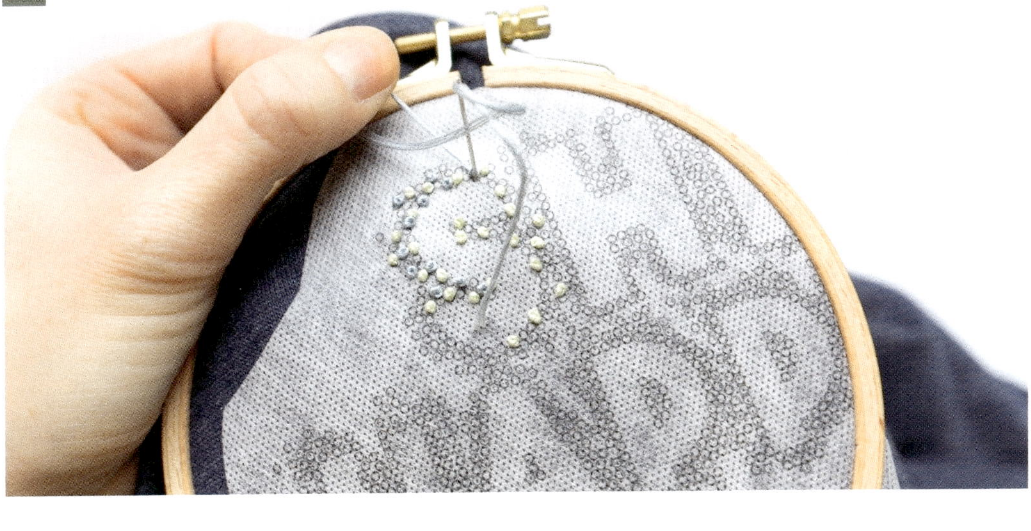

Wechsle die Farben und achte darauf, die einzelnen Knötchen so dicht wie möglich aneinanderzusetzen damit keine Lücken entstehen.

SHIT HAPPENS

5

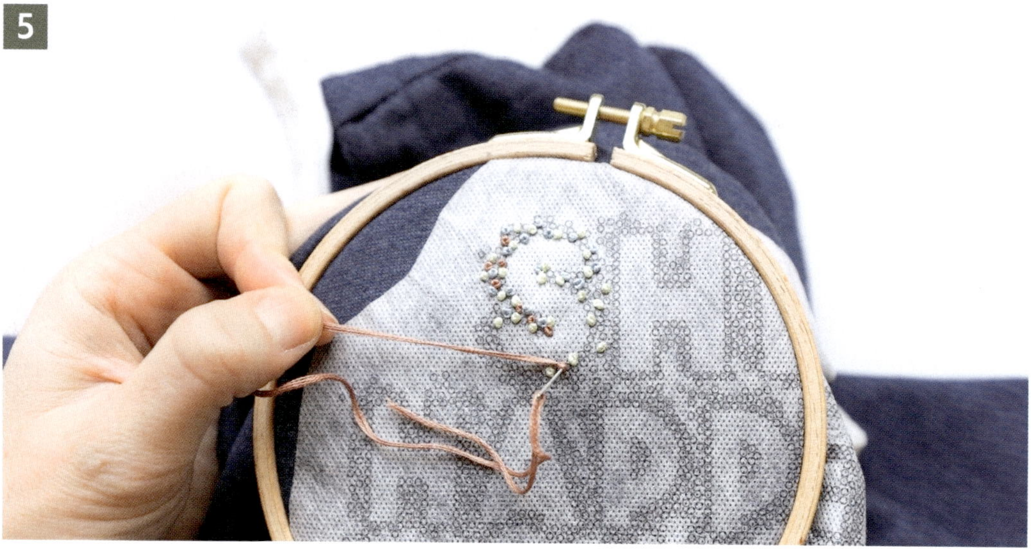

Achte darauf, die Farben gut zu durchmischen und wechsle dafür in regelmäßigen Abständen die Garnfarbe.

6

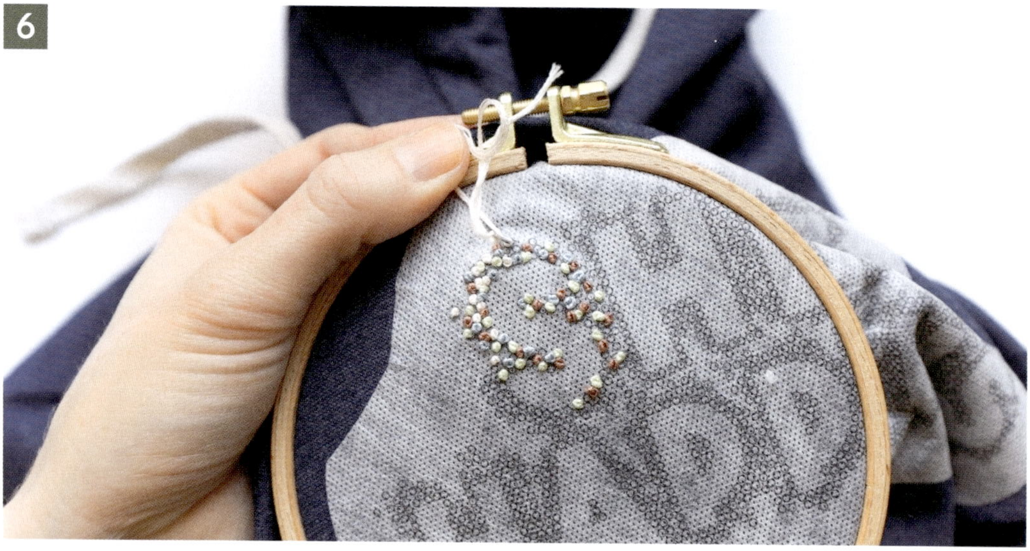

Für dieses Projekt kann es hilfreich sein einen Stickrahmenhalter zu verwenden. Ist aber kein Muss.

7

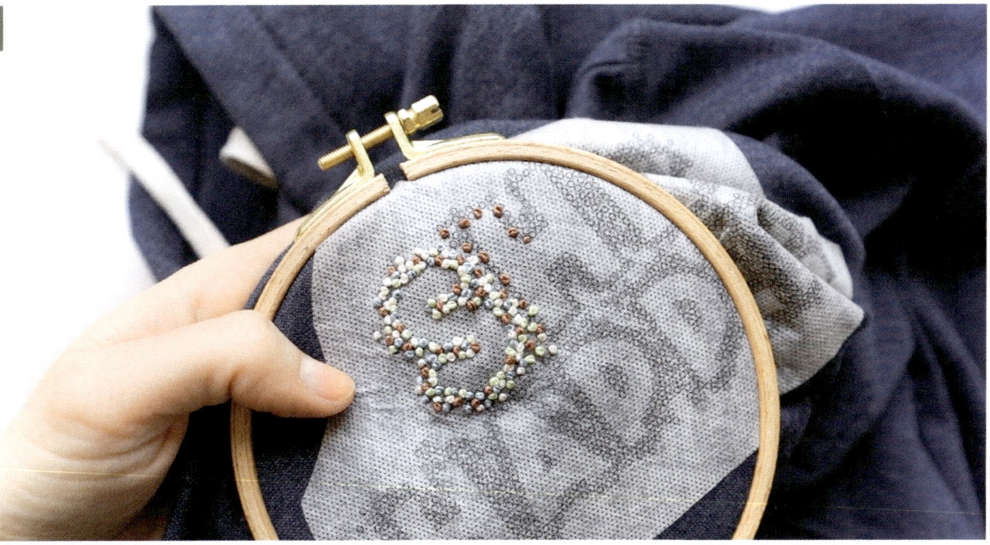

Mit dieser Technik erarbeitest du das gesamte Motiv.

8

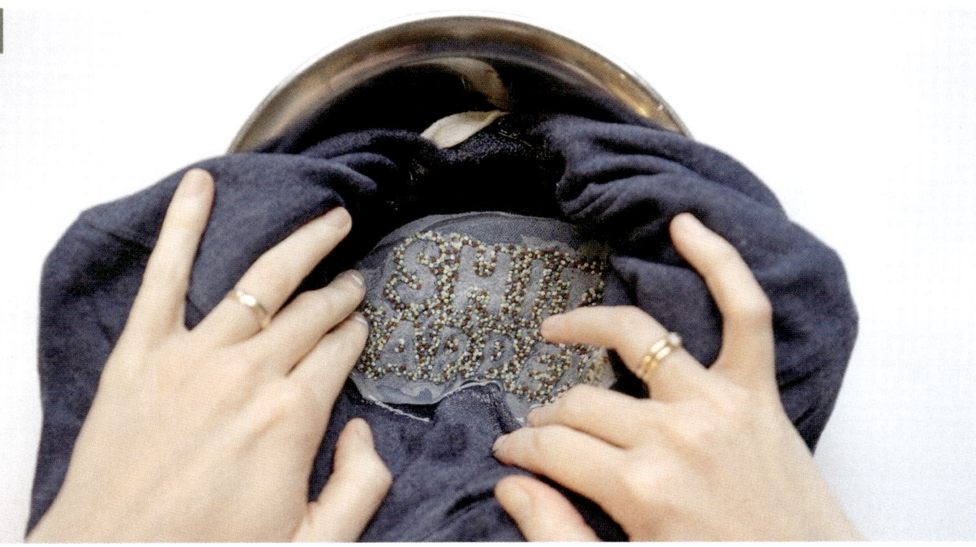

Das Solufix auswaschen und fertig ist dein Hoodie mit Schriftzug. Um die Rückseite deiner Stickerei zu schützen, empfehle ich dir, ein elastisches Vlies aufzubügeln, zum Beispiel die Bügeleinlage H 609 von Vlieseline.

Jacke

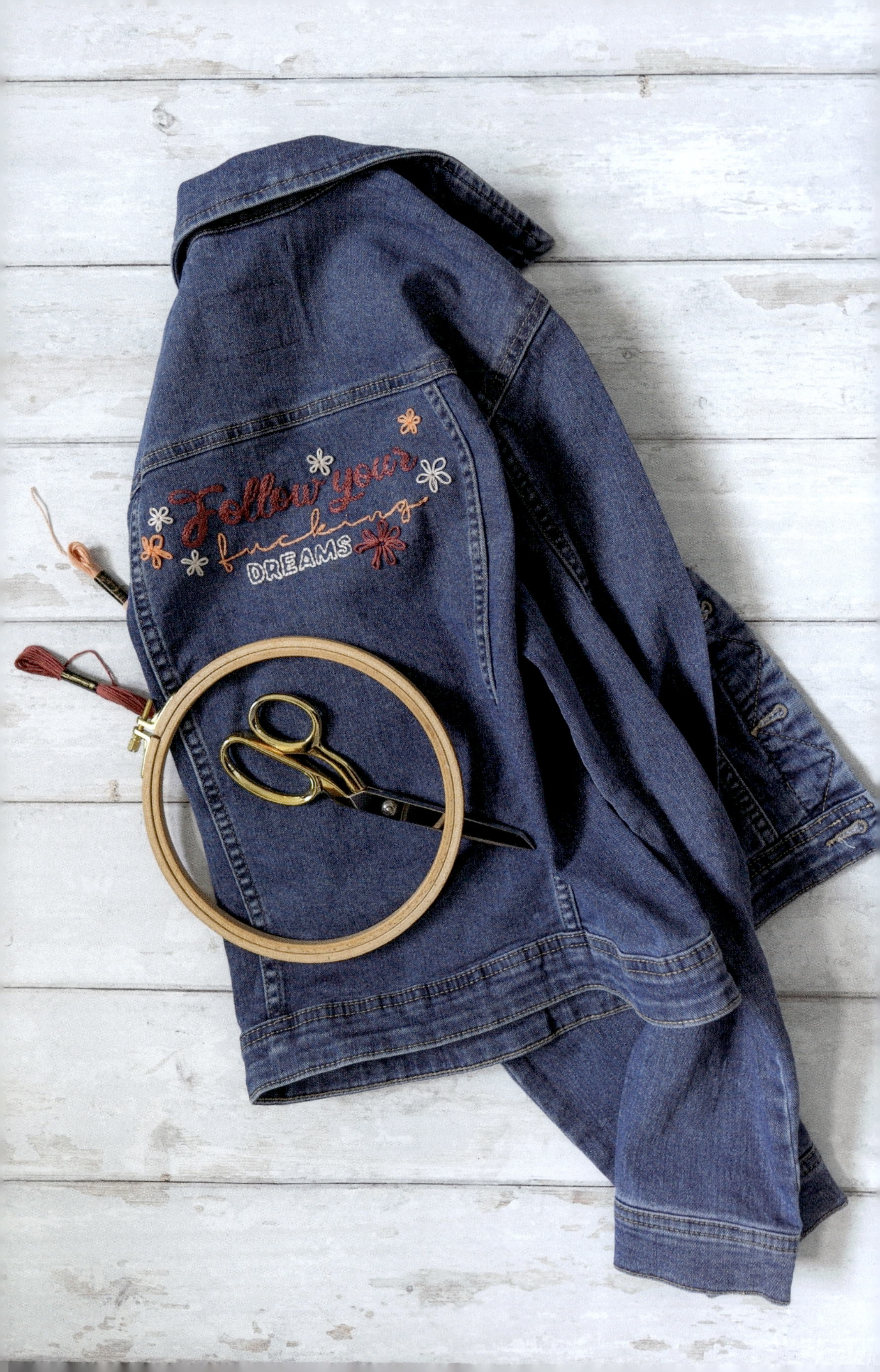
Follow your
fucking
DREAMS

FOLLOW YOUR FUCKING DREAMS

Schwierigkeitsgrad
Nimm dir ein bisschen Zeit

Mit „Follow your fucking dreams" machst du eine motivierende Aussage, die bedeutet, dass man seinen Träumen und Leidenschaften nachgehen sollte, ohne sich von Hindernissen oder Zweifeln abhalten zu lassen.

Material

- Nadel MIT Spitze No. 24
- Stickschere
- Jeansjacke in Wunschgröße
- Stickrahmen (Ø 13 cm)
- Wasserlösliches Vlies (Solufix)

Stiche & Garnstärke

- versetzter Plattstich (6 Fäden)
- Rückstich (6 Fäden)
- Stielstich (6 Fäden)
- Margeritenstich (6 Fäden)

Sticktwist nach Wahl

Im Beispiel verwendet: Anchor 896, 328, 1012 (je 2 Stränge)

- Stickvorlage auf Seite 114

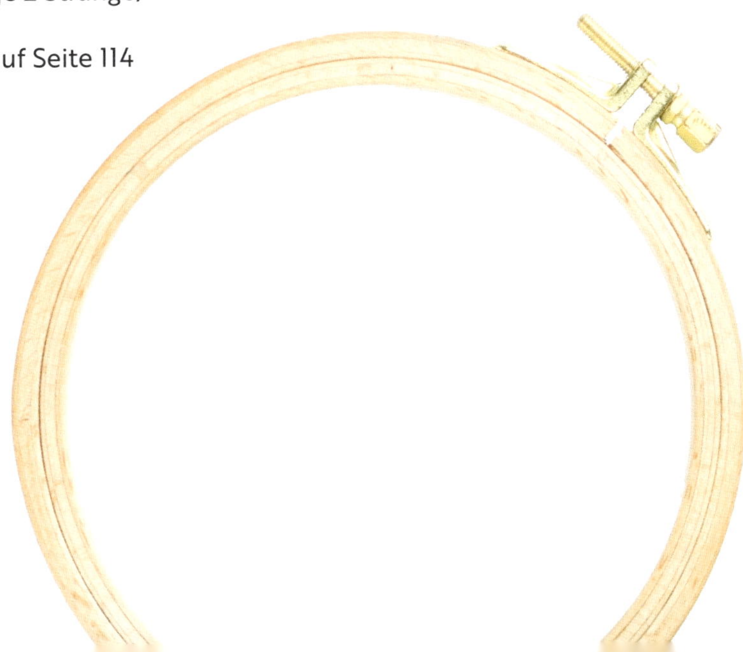

FOLLOW YOUR FUCKING DREAMS

1

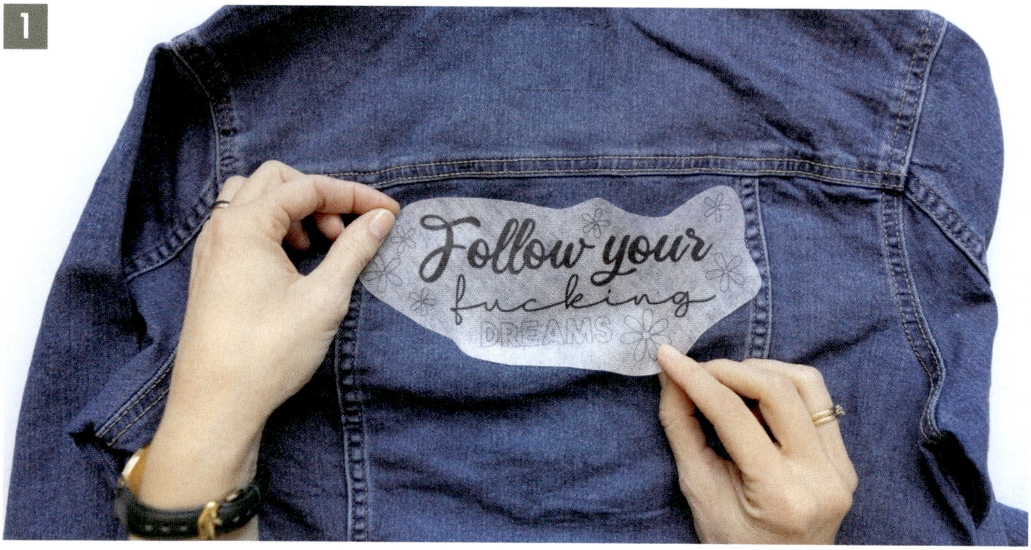

Übertrage die Vorlage auf das Solufix und positioniere das Motiv an der gewünschten Stelle. Entferne die Schutzfolie und klebe das Vlies fest.

2

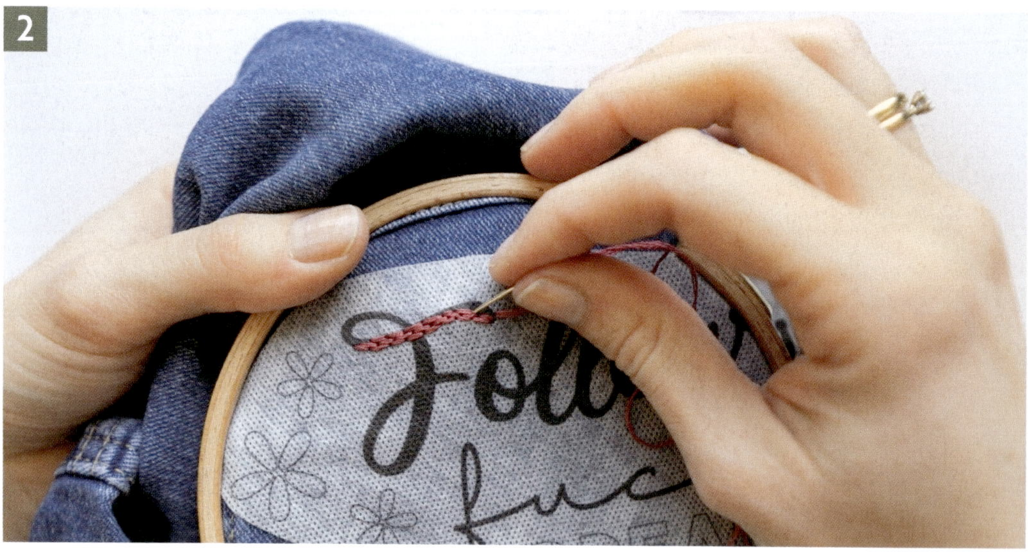

Für das Wort „Follow" verwendest du den versetzten Plattstich (Seite 18), siehe dazu auch den Hinweis bei Schritt 4.

3

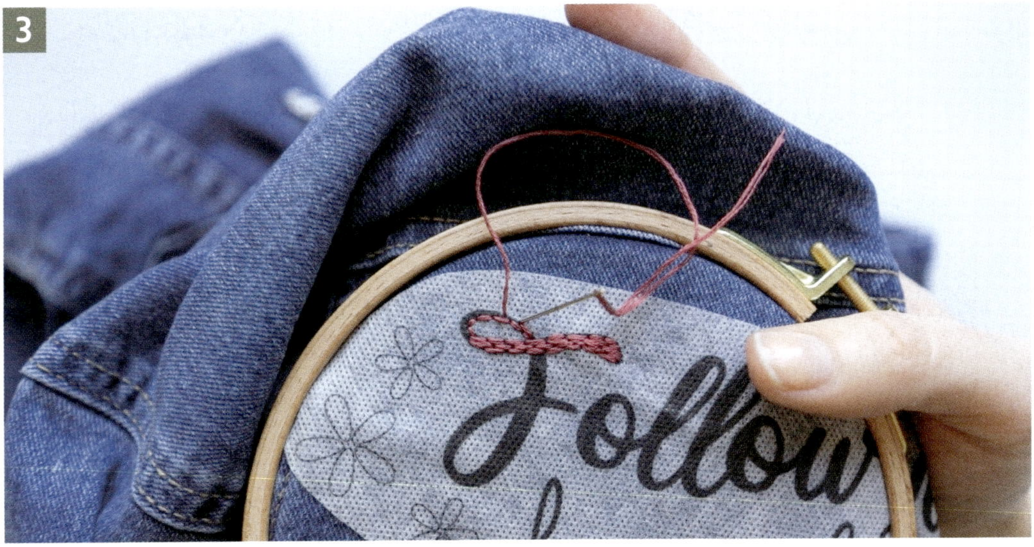

Sobald der Buchstabe schmaler wird, setzt du weniger Stiche nebeneinander.

4

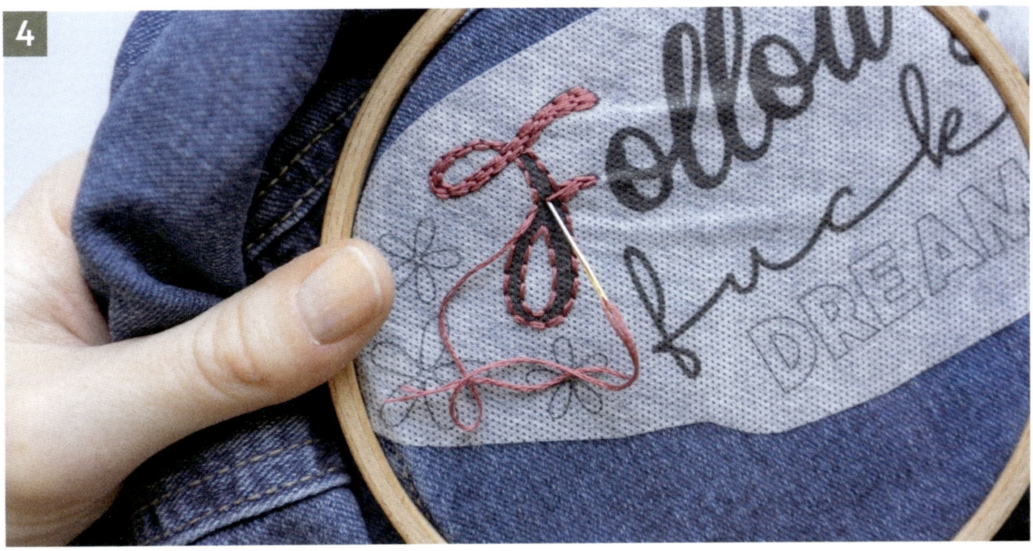

Es kann hilfreich sein, wenn du zuerst den eigentlichen Buchstaben mit einem Rückstich umrandest und anschließend die Flächen ausfüllst.

FOLLOW YOUR FUCKING DREAMS

5

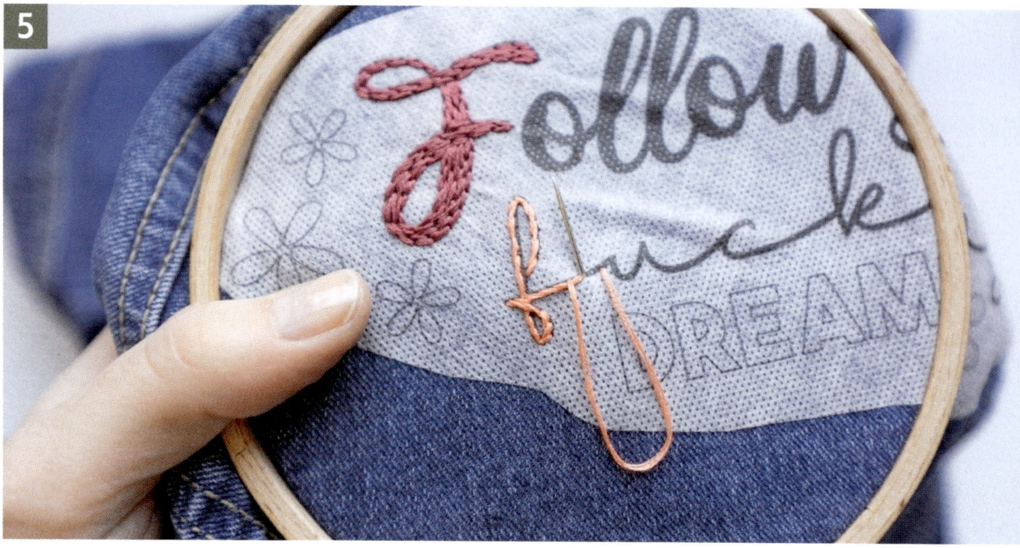

Das Wort „fucking“ stickst du mit dem Stielstich (Seite 18). Achte darauf, in den Kurven die Stiche enger zu setzen, damit eine harmonische Rundung entsteht.

6

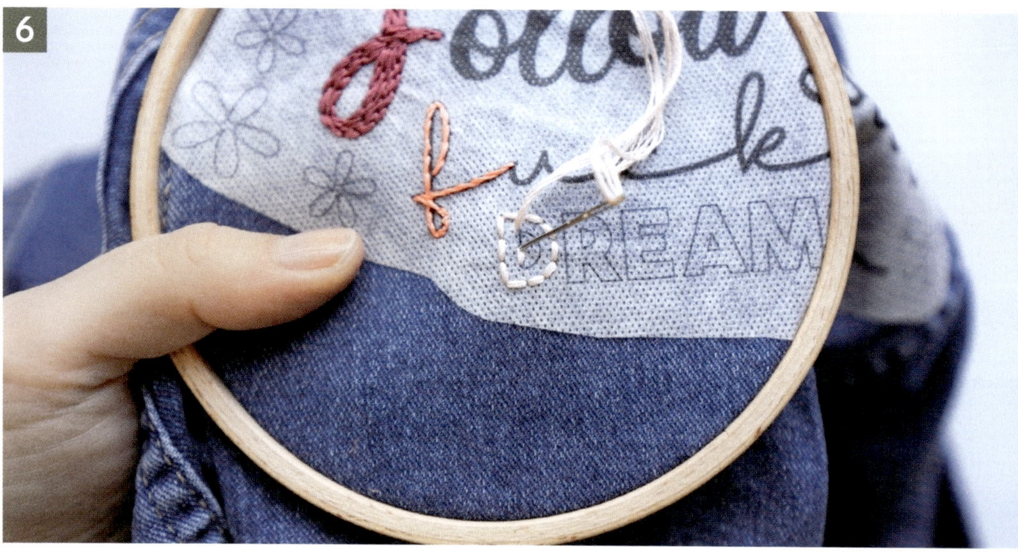

Die Buchstaben des Wortes „DREAMS“ umrandest du mit dem Rückstich (Seite 17).

FOLLOW YOUR FUCKING DREAMS

7

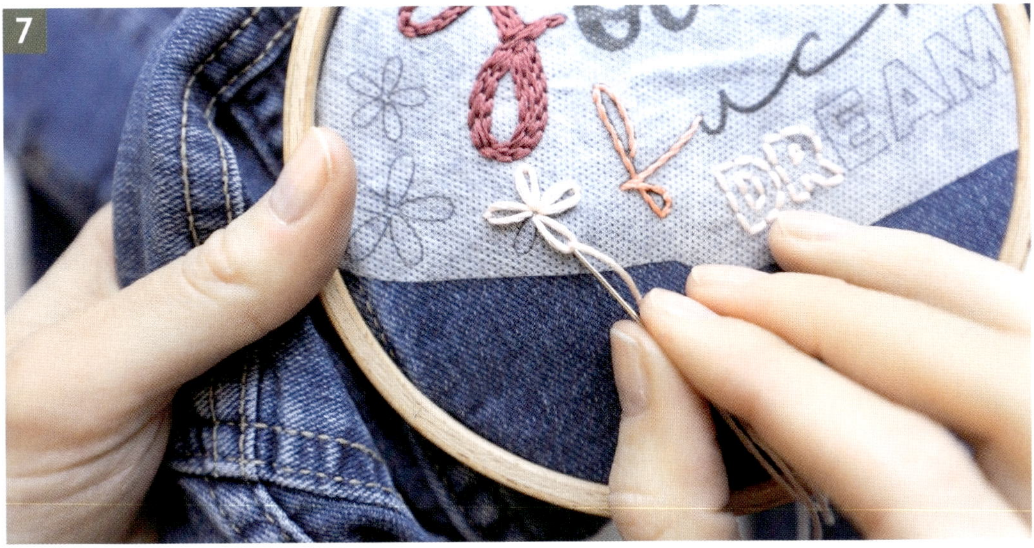

Die Blüten stickst du mit dem Margeritenstich (Seite 19) und verwendest für jede Blüte eine andere Farbe.

8

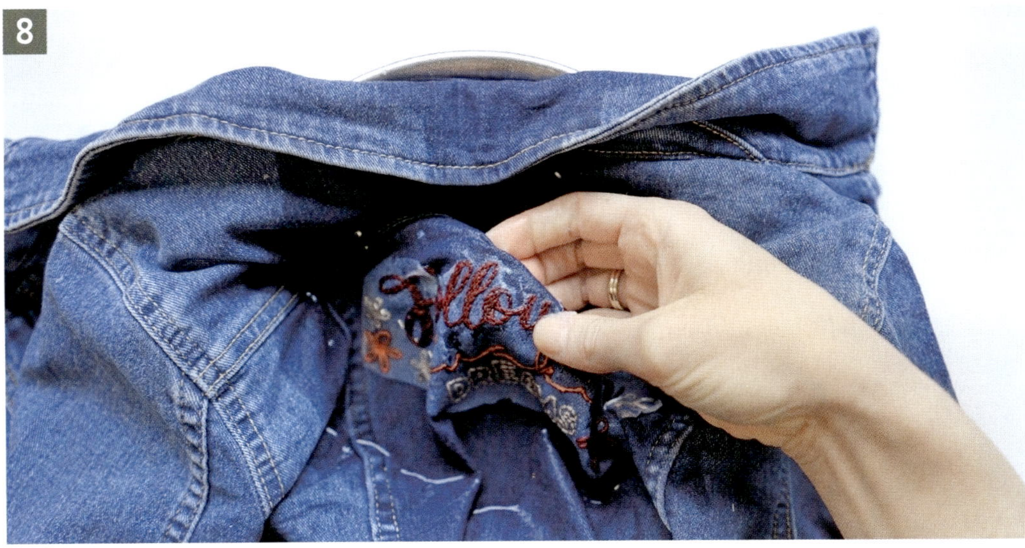

Das Solufix auswaschen und fertig ist deine Jeansjacke mit Schriftzug. Um die Rückseite deiner Stickerei zu schützen, empfehle ich dir, ein elastisches Vlies aufzubügeln, zum Beispiel die Bügeleinlage H 609 von Vlieseline.

Jeans

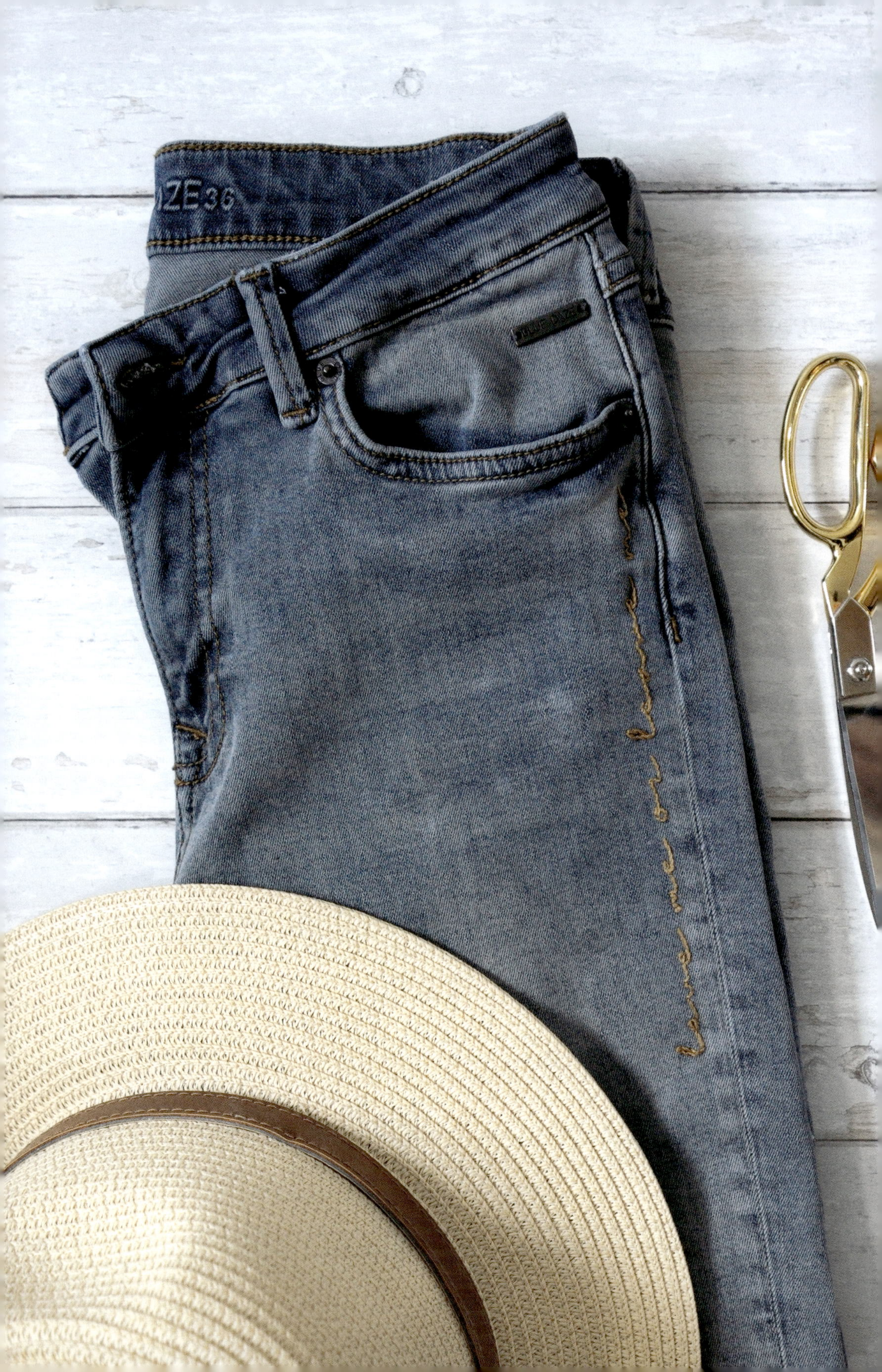

LOVE ME OR LEAVE ME

Schwierigkeitsgrad
Das schaffst du locker

Mit dieser Aufschrift bringst du zum Ausdruck, dass du akzeptiert werden möchtest, wie du bist, und dass du nicht bereit bist, Kompromisse bei deiner Persönlichkeit oder deinen Überzeugungen einzugehen. Es drückt den Wunsch aus, von anderen bedingungslos akzeptiert zu werden.

Material

- Nadel MIT Spitze No. 18
- Stickschere
- Jeans in Wunschgröße
- Stickrahmen (Ø 13 cm)
- Wasserlösliches Vlies (Solufix)

Sticktwist nach Wahl

Im Beispiel verwendet: Anchor 375

- Stickvorlage auf Seite 117

Stiche & Garnstärke

- Stielstich (3 Fäden)

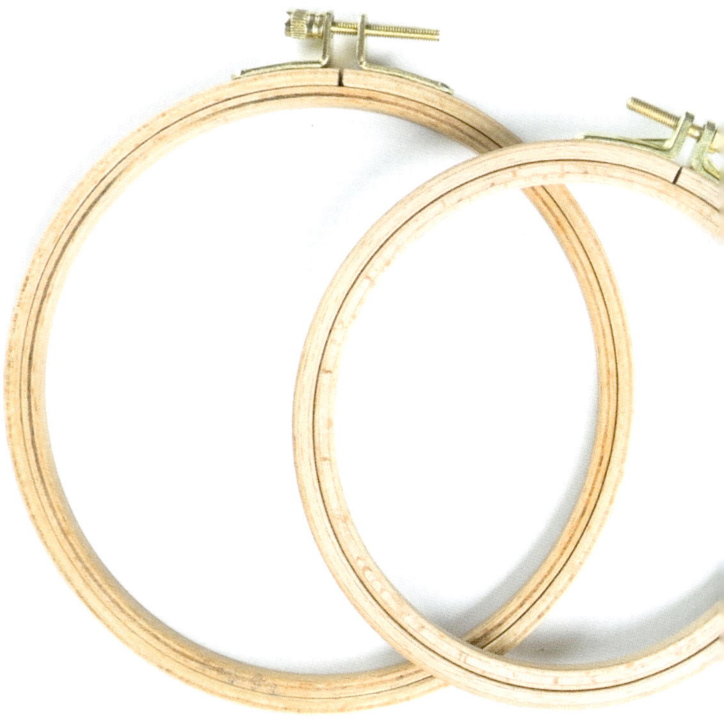

LOVE ME OR LEAVE ME

1

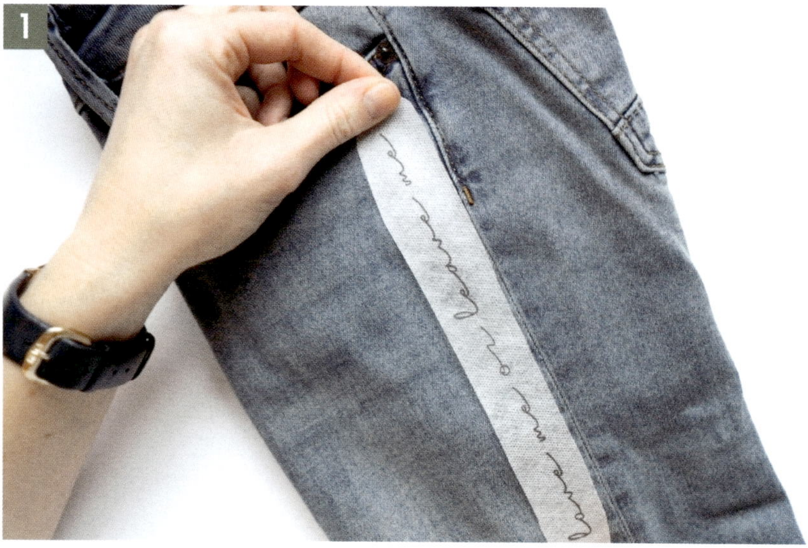

Übertrage die Vorlage auf das Solufix und positioniere das Motiv an der gewünschten Stelle. Entferne die Schutzfolie und klebe das Vlies fest.

2

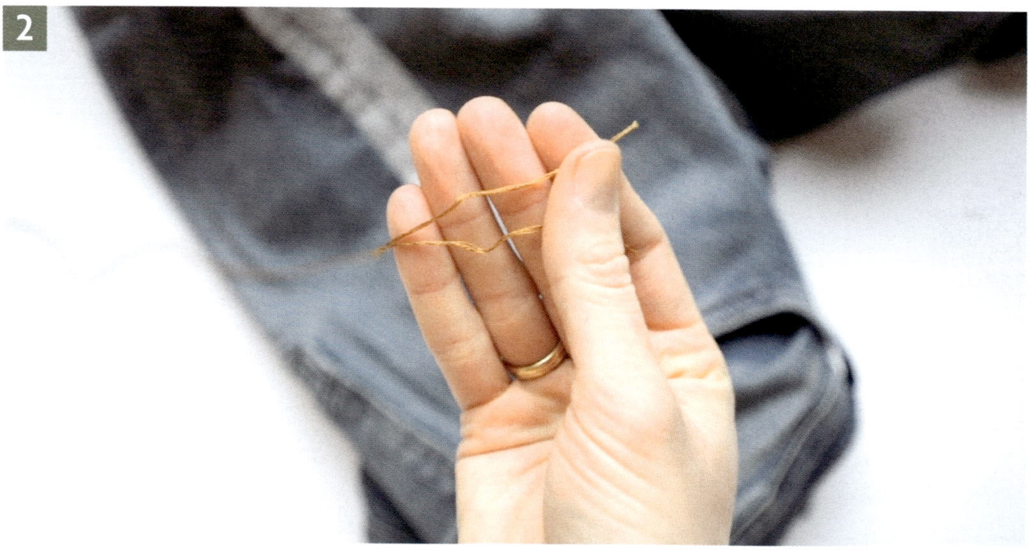

Dieses Projekt stickst du mit 3 Fäden.

3

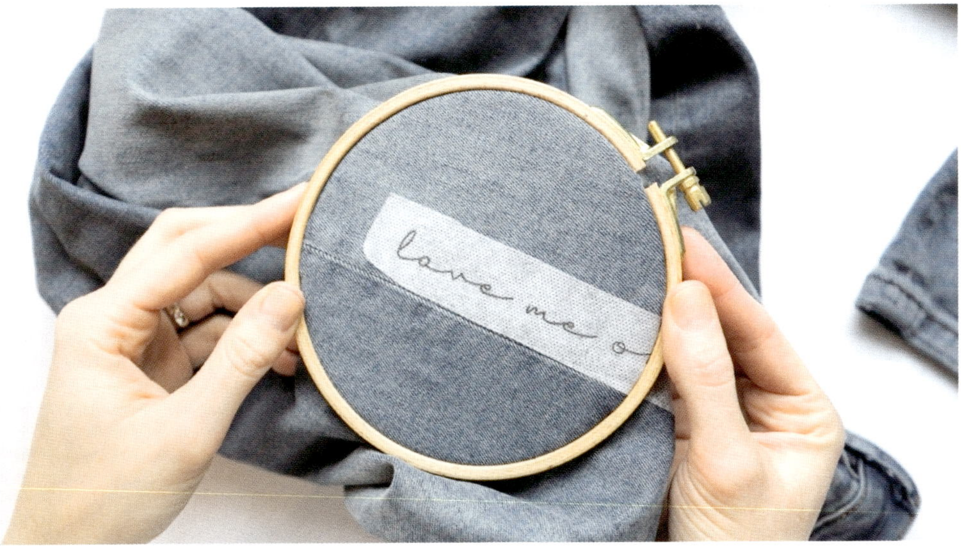

Ich empfehle dir hier den kleinen Stickrahmen, damit du den Stoff besser unter Spannung halten kannst. Aufgrund der geringen Größe musst du ihn aber während der Arbeit immer wieder neu positionieren.

4

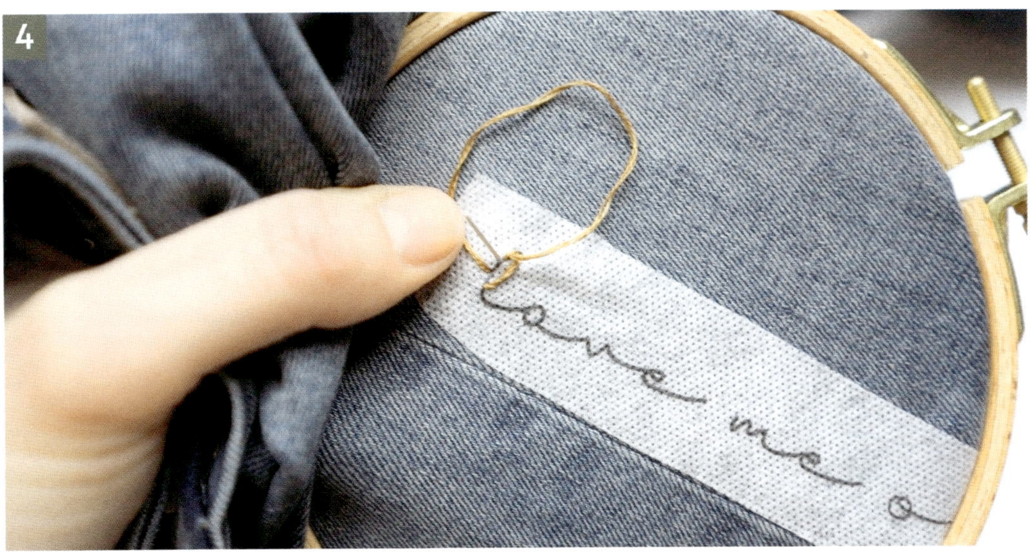

Den Schriftzug stickst du mit dem Stielstich (Seite 18).

LOVE ME OR LEAVE ME

5

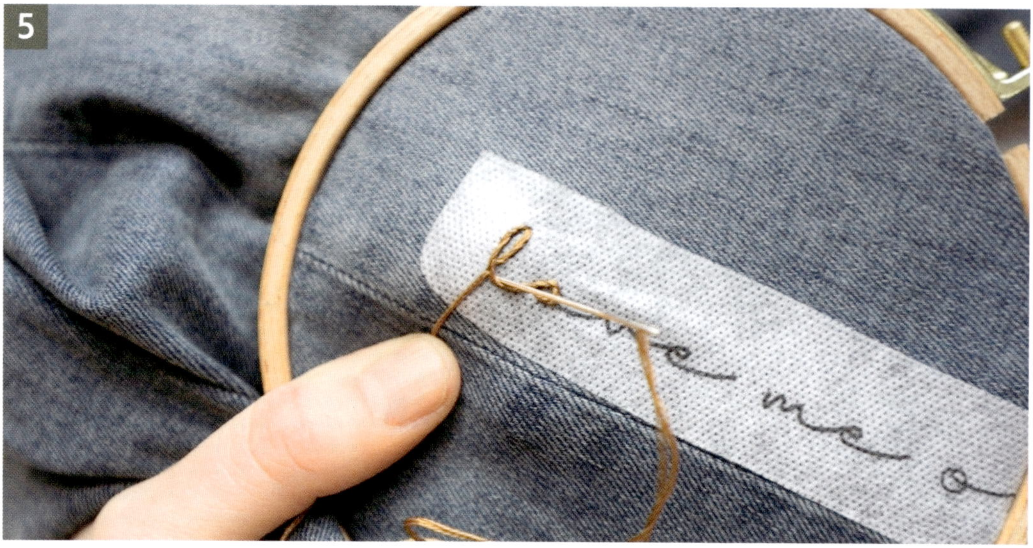

Die Rundungen kannst du mit einem zusätzlichen Querstich fixieren.

6

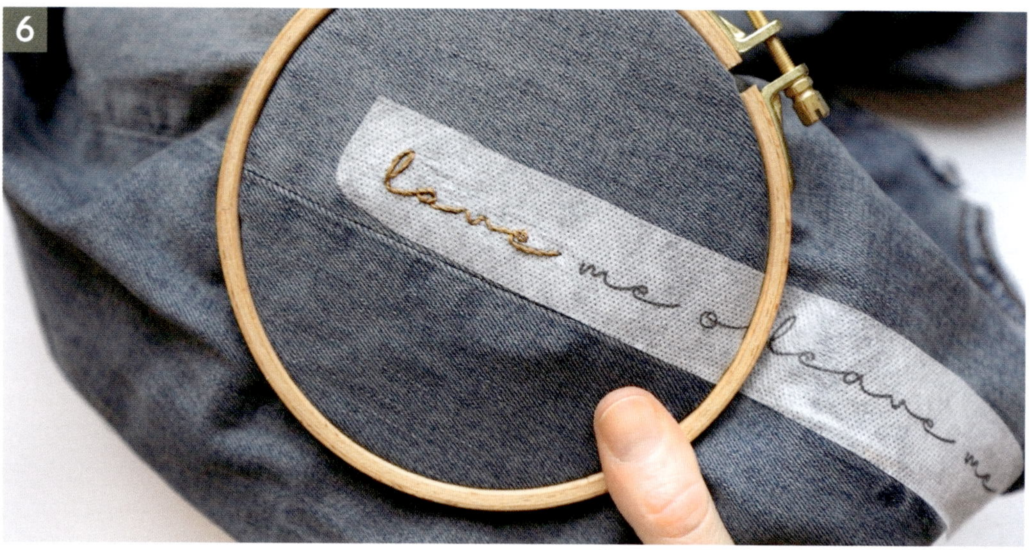

Nach diesem Prinzip stickst du den gesamten Schriftzug und positionierst den Stickrahmen nach und nach an der entsprechenden Stelle.

7

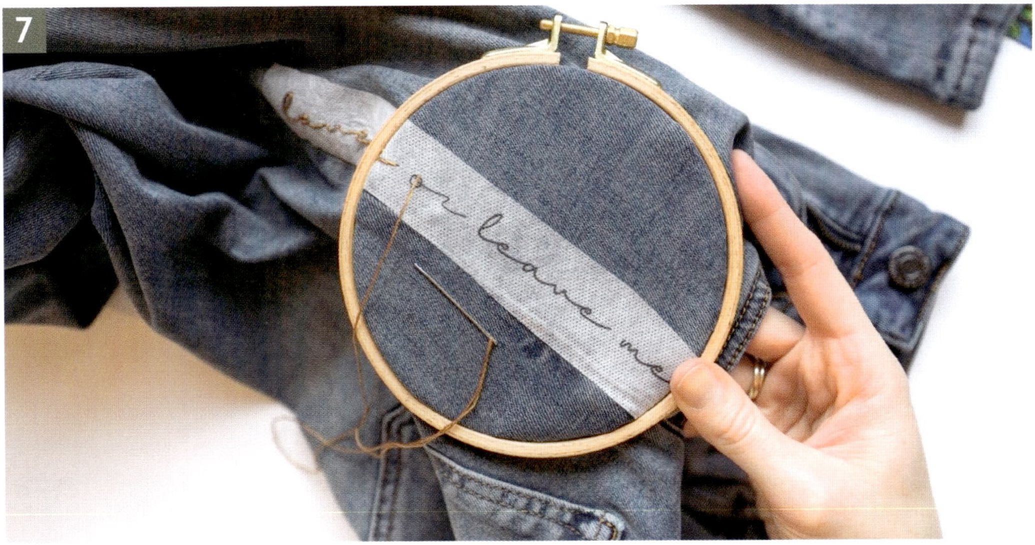

Mit den zusätzlichen Fixierstichen wird die Schrift gut lesbar.

8

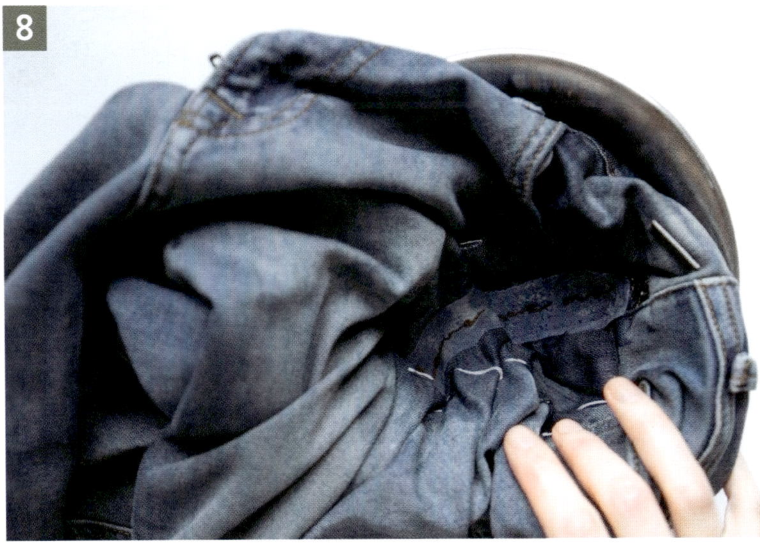

Das Solufix auswaschen und fertig ist deine Jeans mit Schriftzug. Um die Rückseite deiner Stickerei zu schützen, empfehle ich dir, ein elastisches Vlies aufzubügeln, zum Beispiel die Bügeleinlage H 609 von Vlieseline.

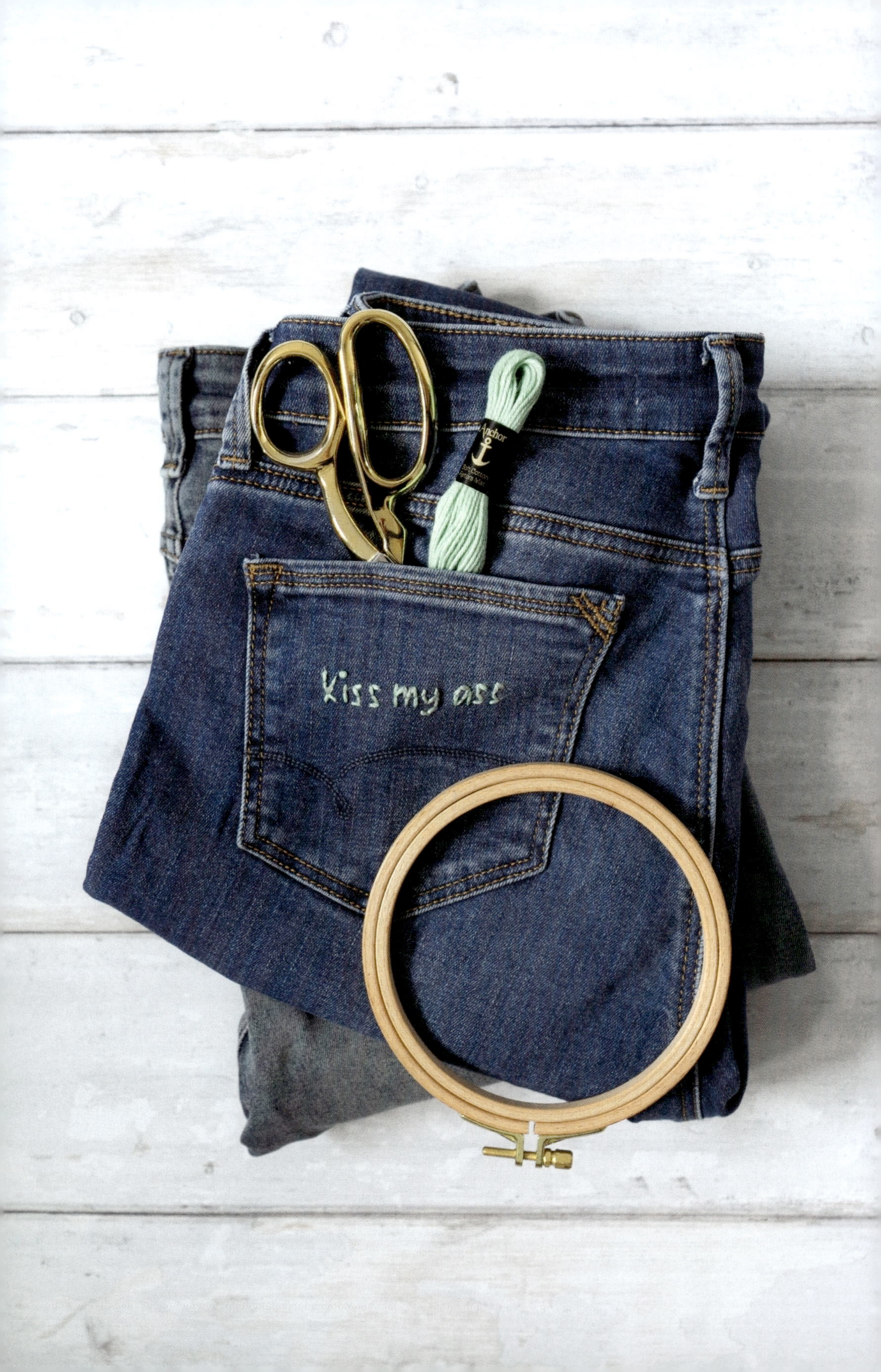
Anchor
Kiss my ass

KISS MY ASS

Schwierigkeitsgrad
Das schaffst du locker

„Kiss my ass" ist eine leicht vulgäre Art, jemanden aufzufordern zu verschwinden. Es bedeutet, dass dich die Aufmerksamkeit des anderen nicht interessiert. Das perfekte Projekt für deine Partyjeans, wenn du keine Lust auf aufdringliche Flirtversuche hast.

Material

- Nadel MIT Spitze No. 24
- Stickschere
- Jeans in Wunschgröße
- Stickrahmen (Ø 13 cm)
- Wasserlösliches Vlies (Solufix)

Stiche & Garnstärke

- Rückstich (6 Fäden)

Sticktwist nach Wahl

Im Beispiel verwendet: Anchor Soft Embroidery 219

- Stickvorlage auf Seite 121

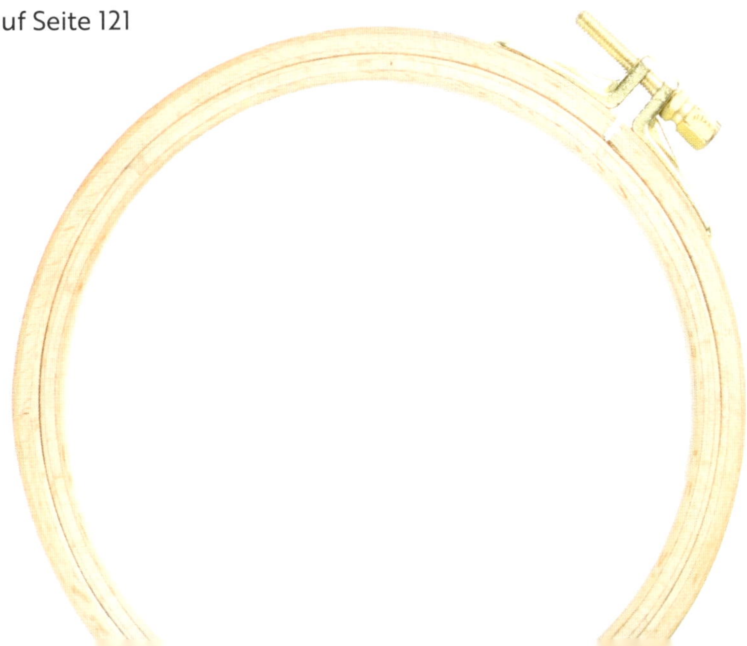

KISS MY ASS

1

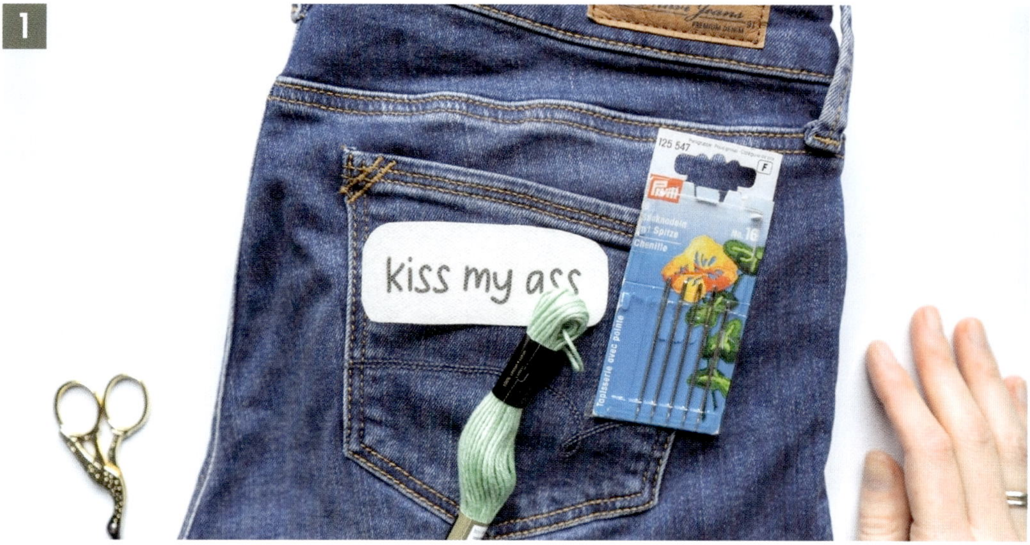

Bei diesem Projekt arbeitest du mit einem deutlich dickeren Stickgarn. Du kannst auch normales Stickgarn verwenden – dann solltest du das Garn aber doppelt legen (12 Fäden).

2

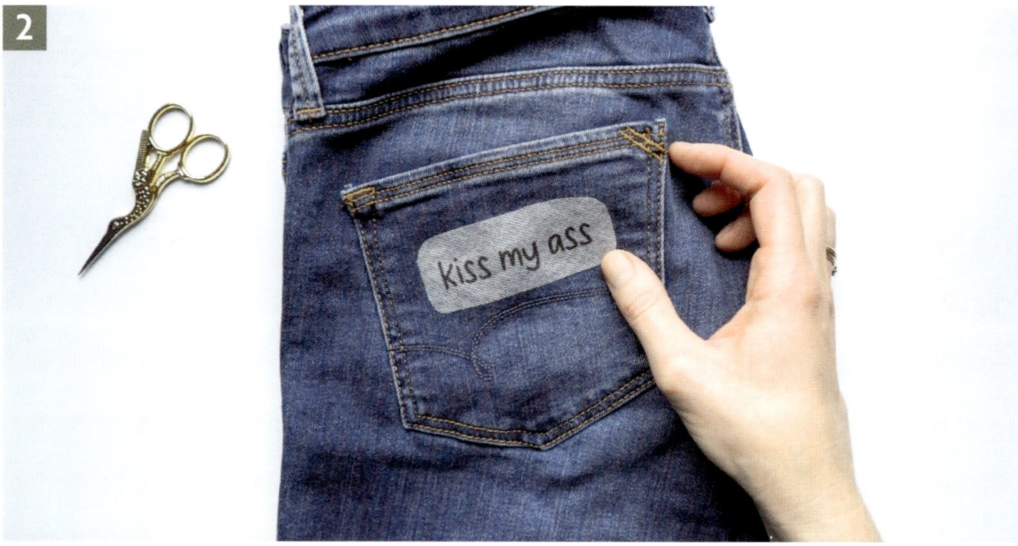

Übertrage die Vorlage auf das Solufix und positioniere das Motiv an der gewünschten Stelle. Entferne die Schutzfolie und klebe das Vlies fest.

3

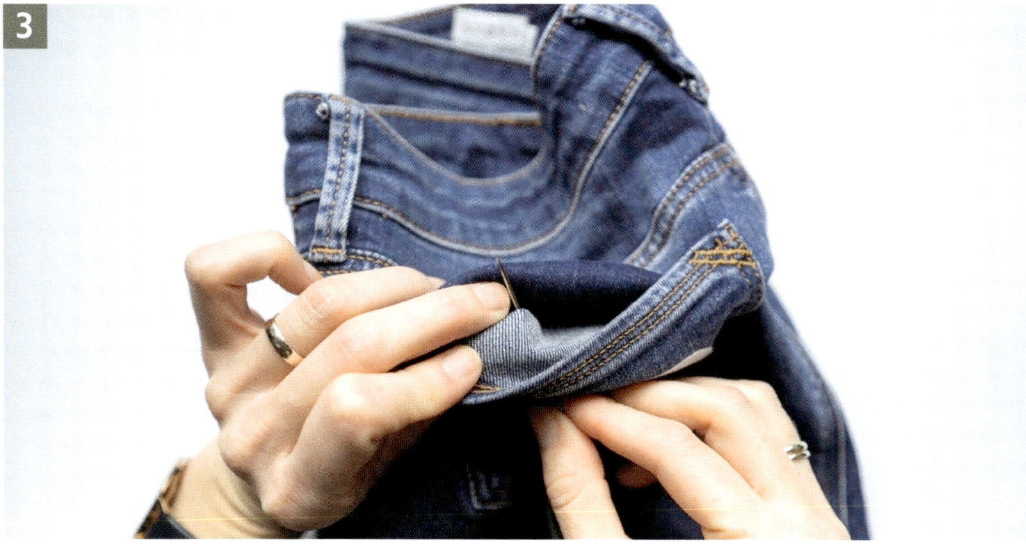

Achte darauf, dass du nur den Stoff der Tasche bestickst, damit du die Tasche noch verwenden kannst.

4

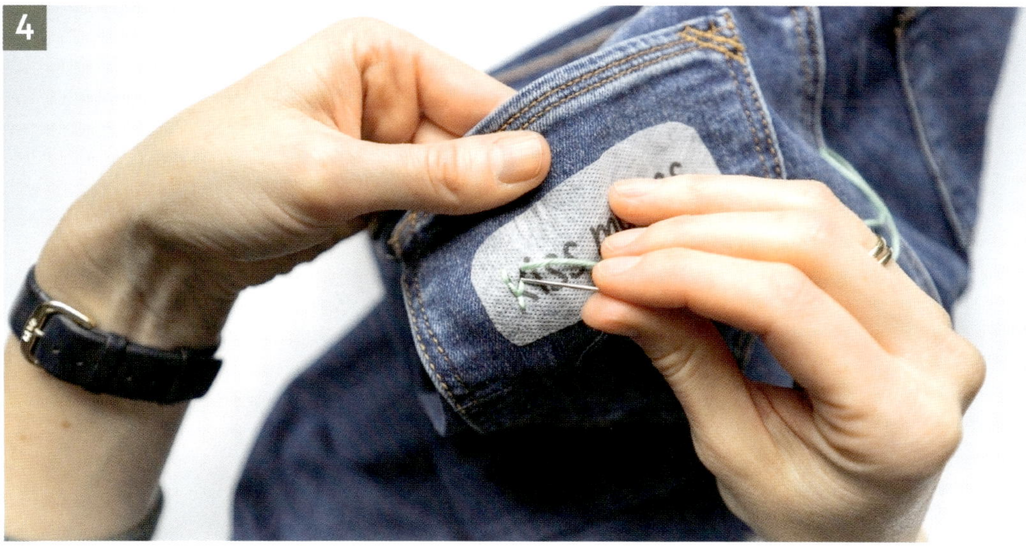

Den Schriftzug stickst du mit dem Rückstich (Seite 17).

KISS MY ASS

5

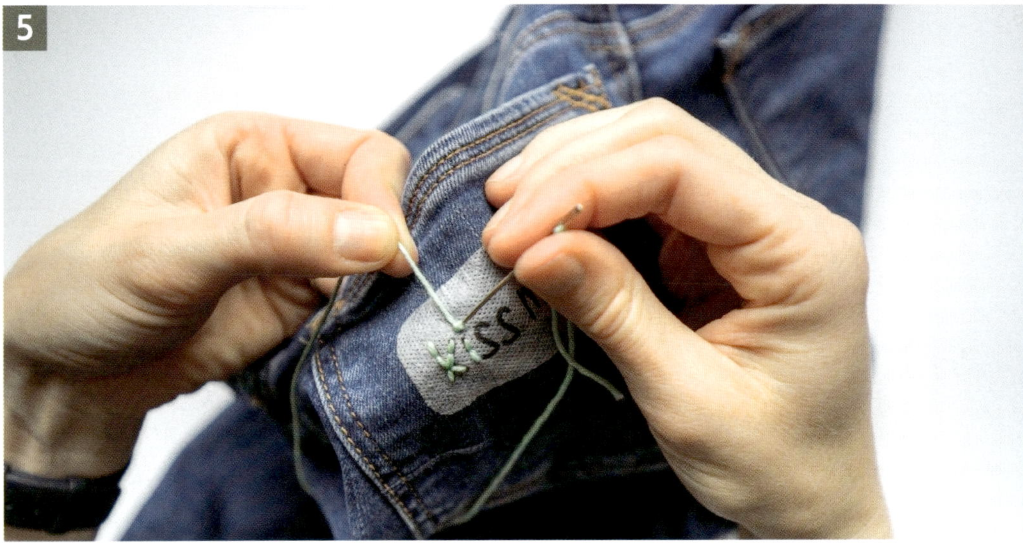

Den „i"-Punkt stickst du mit dem Knötchenstich (Seite 19).

6

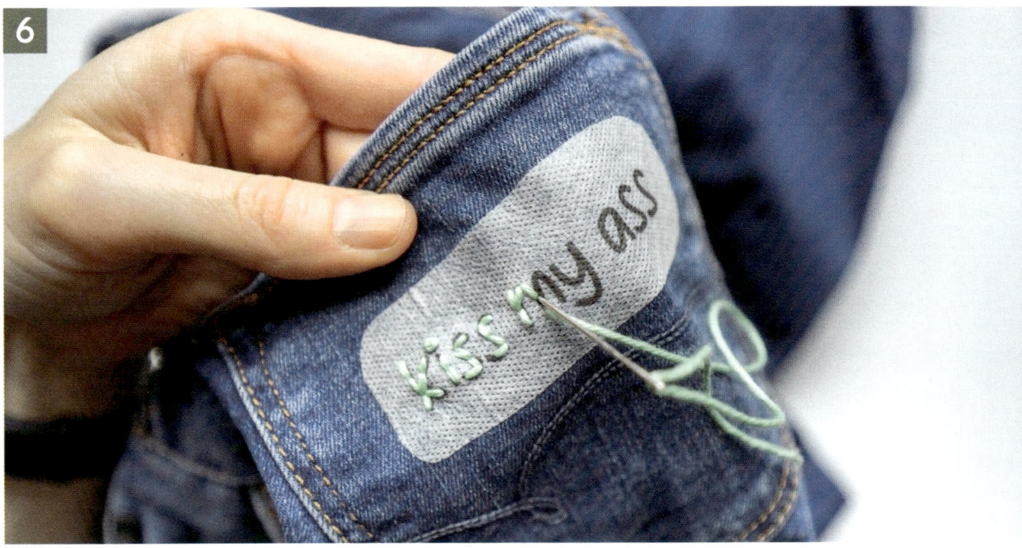

Achte drauf, die Stiche möglichst gleichmäßig zu setzen, damit ein einheitliches Bild entsteht.

7

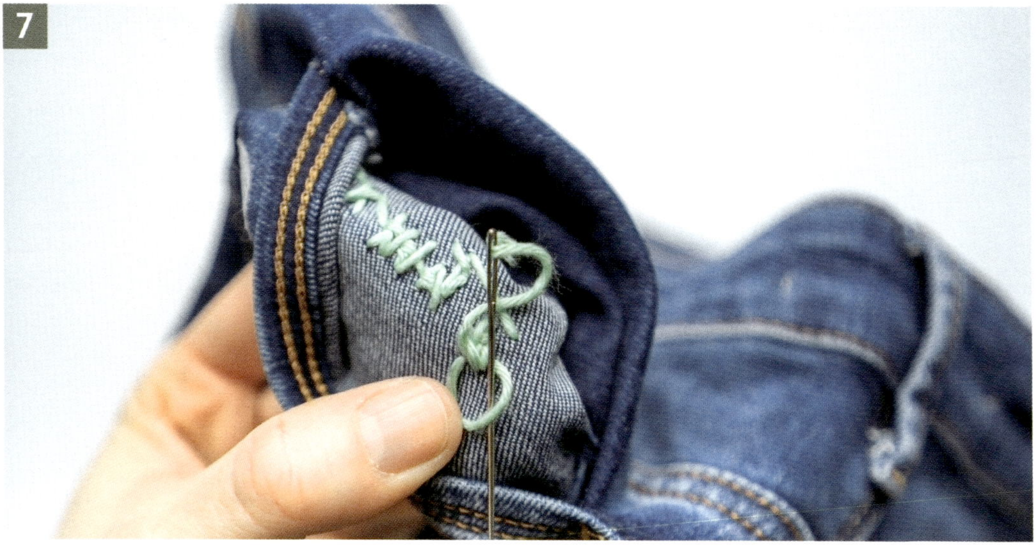

Vernähe den Faden im Inneren der Tasche, damit sich kein Faden lösen kann.

8

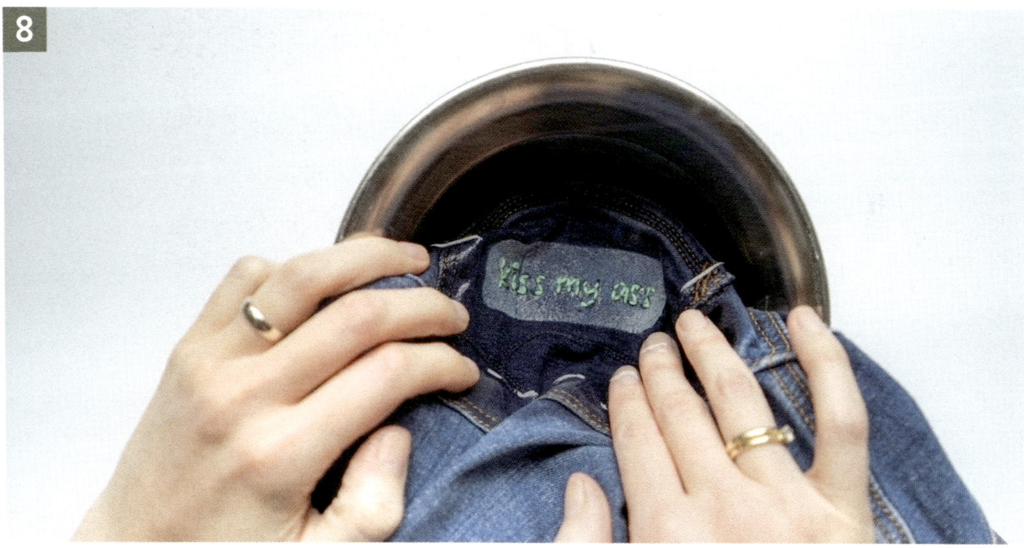

Das Solufix auswaschen und fertig ist deine Jeans mit Schriftzug. Die Rückseite muss nicht zusätzlich geschützt werden.

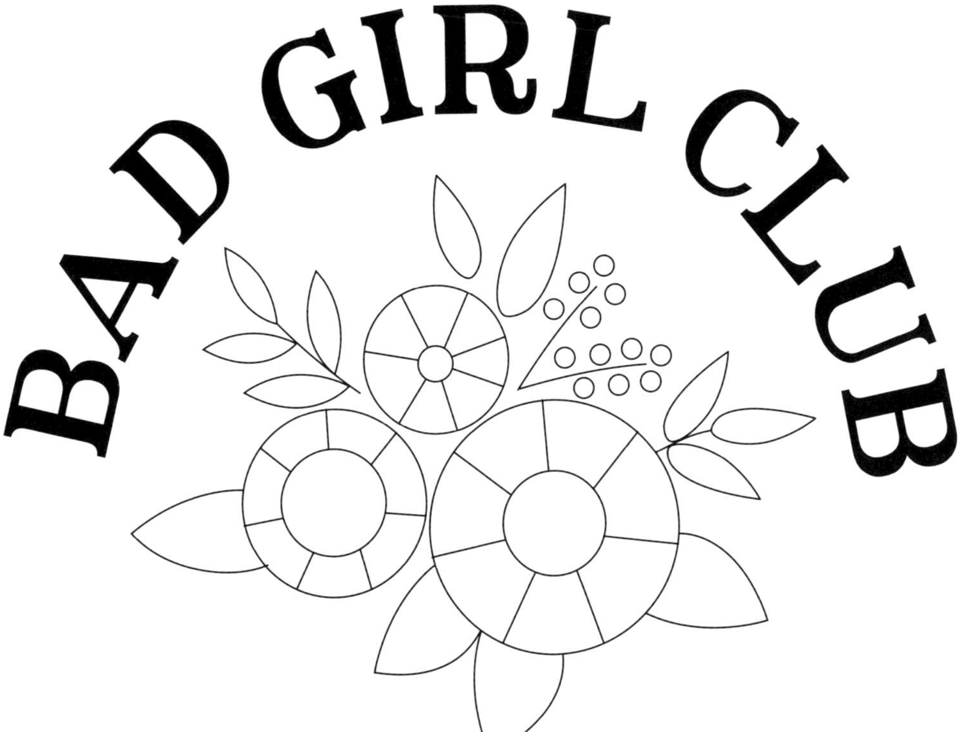
BAD GIRL CLUB

I am FUCKING fabulous

I woke up like this

TROUBLE MAKER

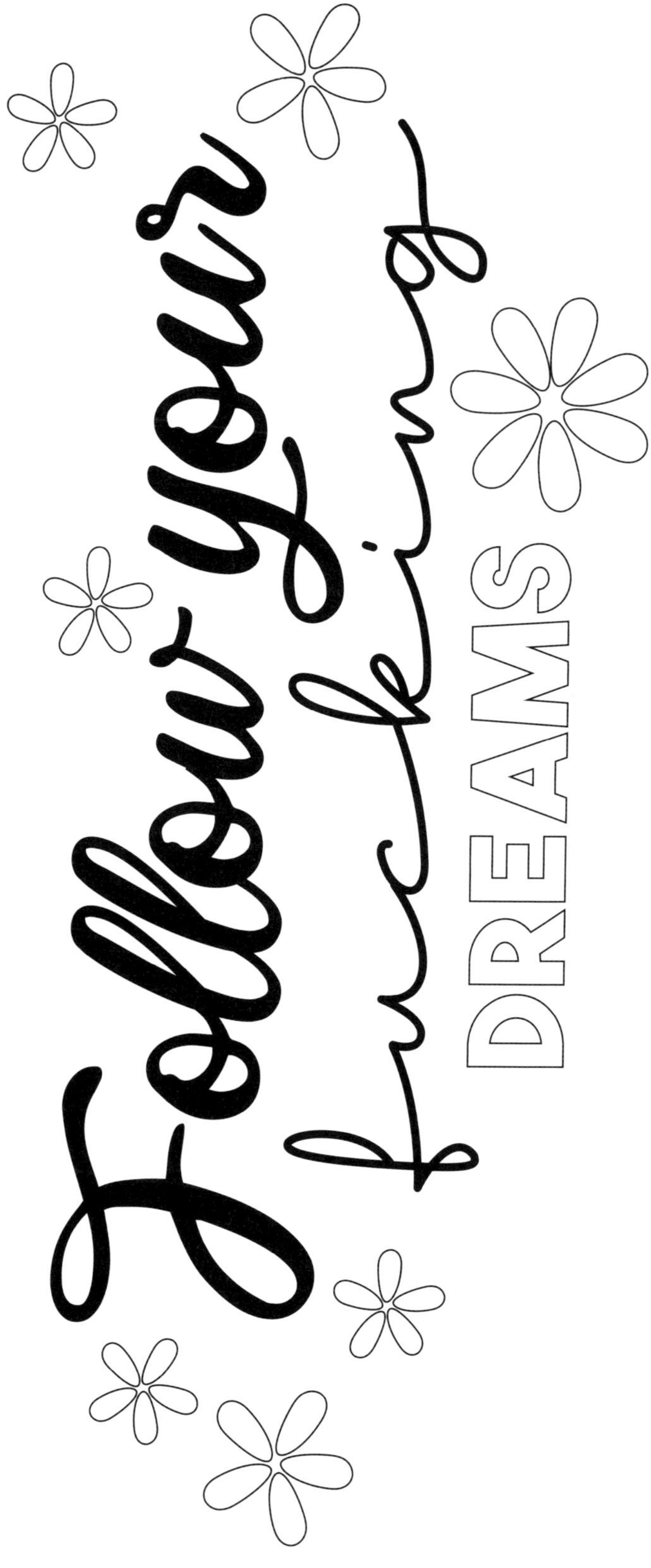
Follow your
fucking
DREAMS

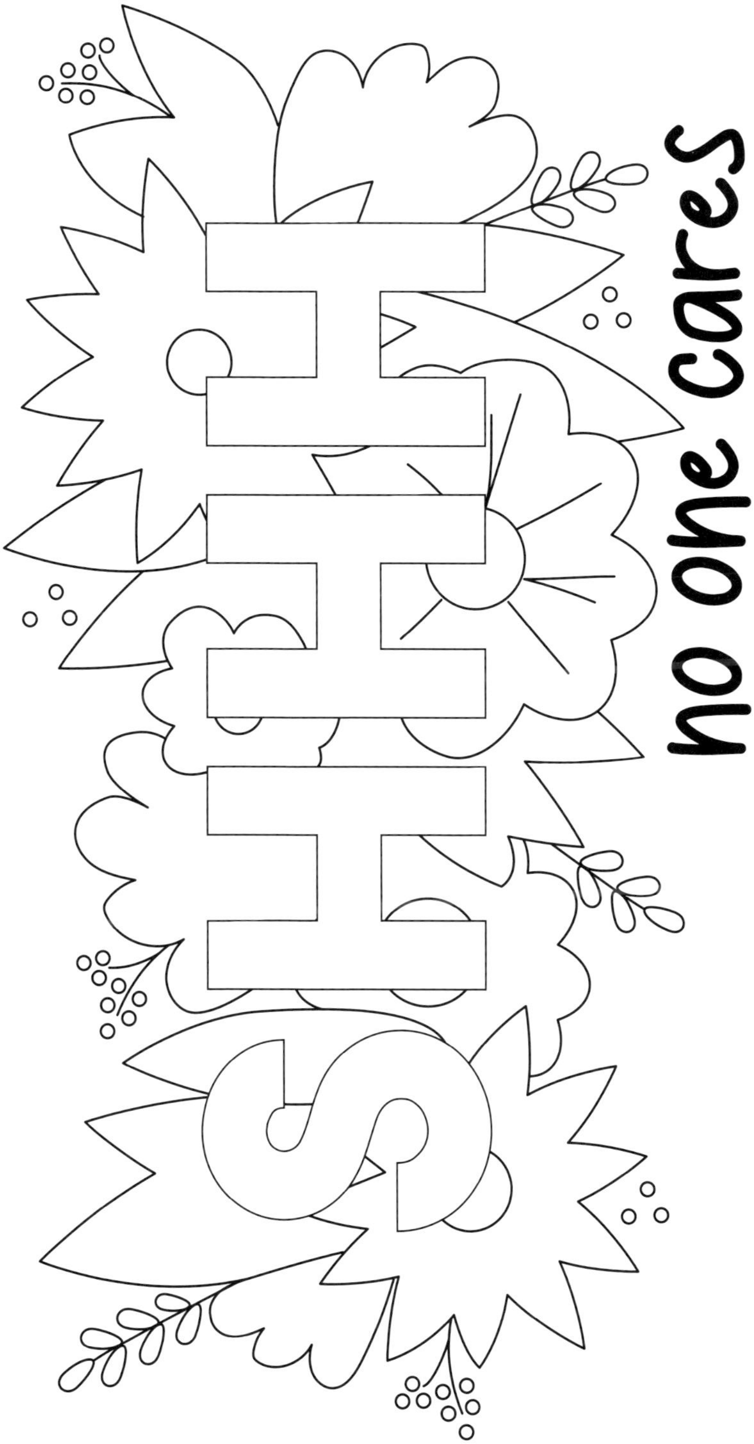
SHHH
no one cares

DO EPIC SHIT

SHIT HAPPENS

love me or leave me

FUCK

Better

THAN YOU

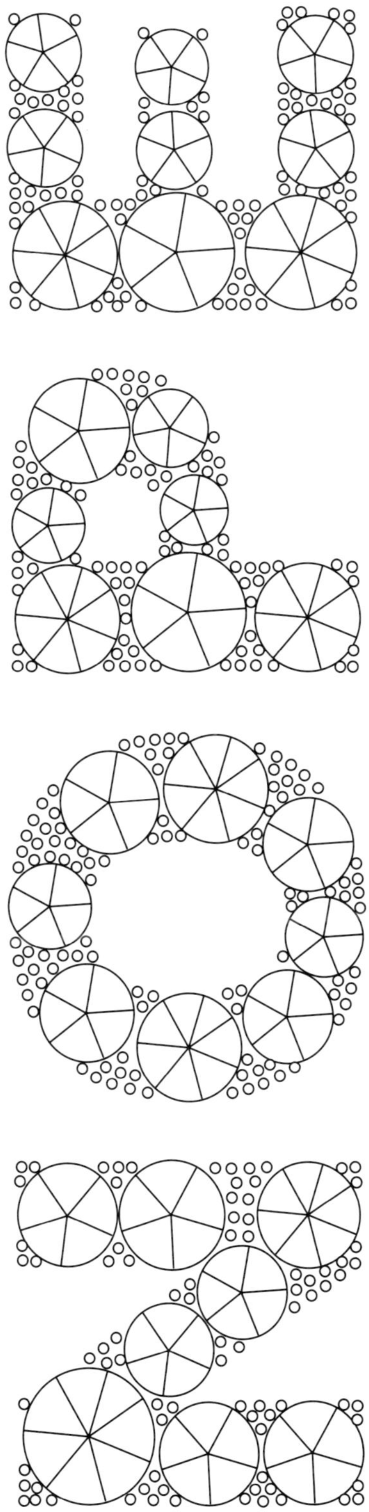

HOLY SHIT

kiss my ass

GO AWAY
STUPID

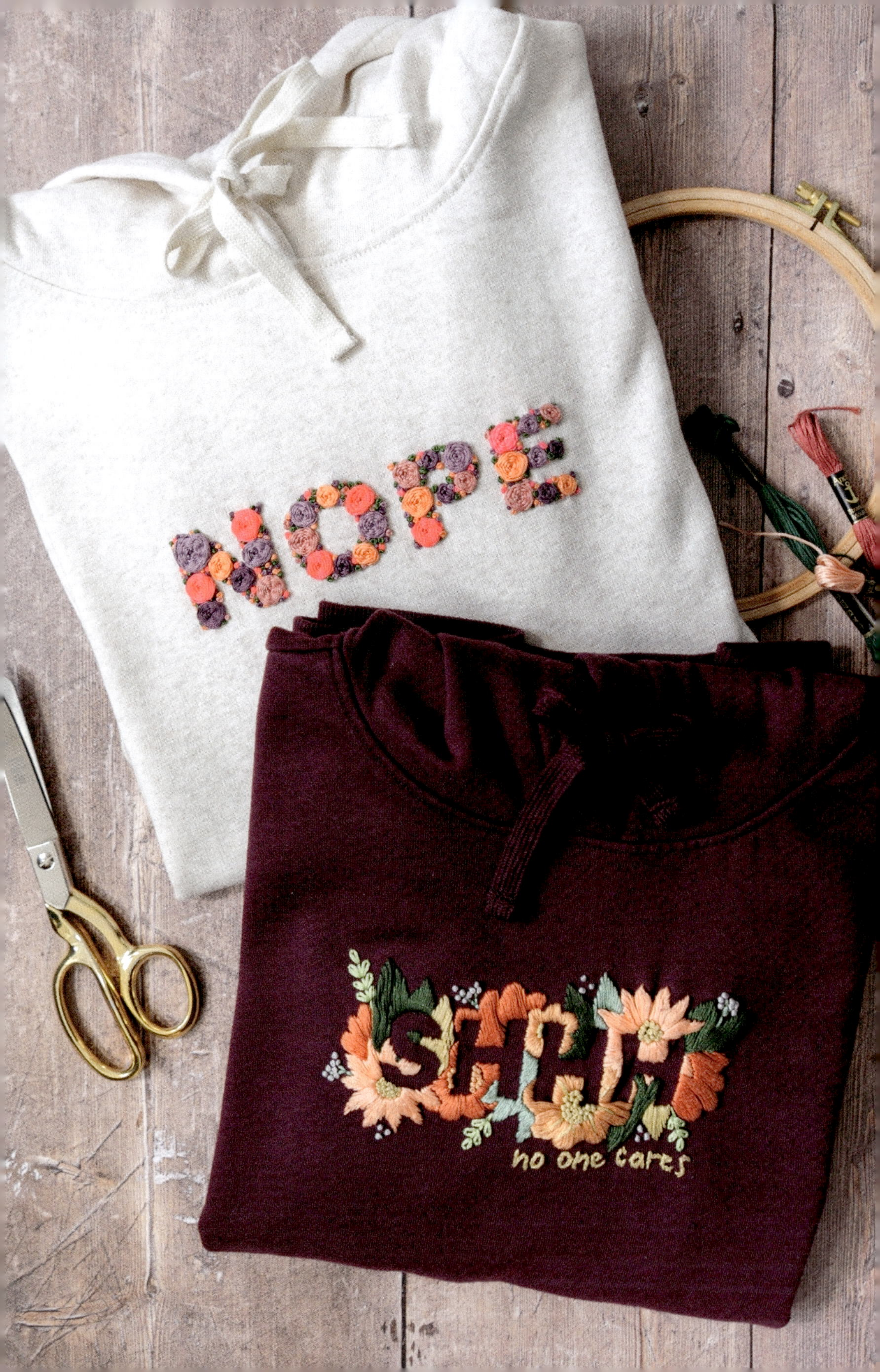
NOPE
STITCH
no one cares

DANKSAGUNG

Ich möchte meinen Stick-Mädels von ganzem Herzen danken! Für eure unglaubliche Unterstützung bei diesem Buchprojekt. Eure ermutigenden Worte, euer Feedback und eure Unterstützung haben mir Kraft gegeben. Eure Zeit, euer Engagement und eure Großzügigkeit haben mich tief berührt. Ich bin unendlich dankbar für jeden, der mich auf diesem Weg begleitet hat. Eure Unterstützung hat mir geholfen, Hindernisse zu überwinden und mich weiterzuentwickeln.

Ich freue mich darauf, euch alle stolz mit euren gestickten Werken zu sehen und hoffe, dass es euch genauso viel Freude bereitet wie mir. Nochmals vielen Dank für alles, was ihr getan habt.

Ein weiterer Dank richtet sich an den Christophorus Verlag dafür, die Idee für dieses Buch gemeinsam mit mir umgesetzt zu haben.

Für die freundliche Zurverfügungstellung der Materialien bedanke ich mich herzlich bei:

MEZ Crafts Group GmbH
www.mezcrafts.com

Prym Consumer Europe GmbH
de.handicraft.com

BEZUGSQUELLEN

de.handicraft.com
Nadeln, Stickrahmen, Kleber, Transferpapier, Bügeleisen, Stoffe, Trickmarker, Scheren, Vlies, Tüll

www.mezcrafts.com
Stickgarne von Anchor

www.amazon.de
Hoodies, Sweatshirt, Jacke, Jeanshosen und Dekorationsmaterial

IMPRESSUM

Autorin: Louise Lemke
Design & Realisation: Louise Lemke
Fotos & Styling: Louise Lemke
Redaktion: Lena Denu, Xenia Kuczera
Projektmanagement & Lektorat: A. Reuß
Korrektorat: Christiane Gsänger
Umschlaggestaltung: Louise Lemke
Satz: Louise Lemke
Repro: LUDWIG:media
Herstellung: Vanessa Brunner
Printed in Poland by CGS Printing

★★★★★

Sind Sie mit diesem Titel zufrieden? Dann würden wir uns über Ihre Weiterempfehlung freuen. Erzählen Sie es im Freundeskreis, berichten Sie Ihrem Buchhändler oder bewerten Sie bei Onlinekauf. Und wenn Sie Kritik, Korrekturen, Aktualisierungen haben, freuen wir uns über Ihre Nachricht an: Christian Verlag, Postfach 40 02 09, D-80702 München oder per E-Mail an lektorat@verlagshaus.de.

Unser komplettes Programm finden Sie unter

www.christophorus-verlag.de

Die Deutsche Nationalbibliothek verzeichnet diese Publikation in der Deutschen Nationalbibliografie; detaillierte bibliografische Daten sind im Internet über www.dnb.de abrufbar.

Infanteriestraße 11a
D 80797 München

ISBN 978-3-8410-6788-3

Kreativ-Service

Sie haben Fragen zu unseren Büchern und Materialien? Wir beraten Sie gern rund um alle Kreativthemen. Rufen Sie uns einfach an. Wir interessieren uns auch für Ihre eigenen Ideen und Anregungen. Sie erreichen uns per E-Mail **kreativ-service@c-verlag.de oder unter der Telefonnummer +49 (0)89-1306 99 577.**

Besuchen Sie uns im Internet: www.christophorus-verlag.de & www.selbstgemacht.de

Ebenfalls erhältlich ...

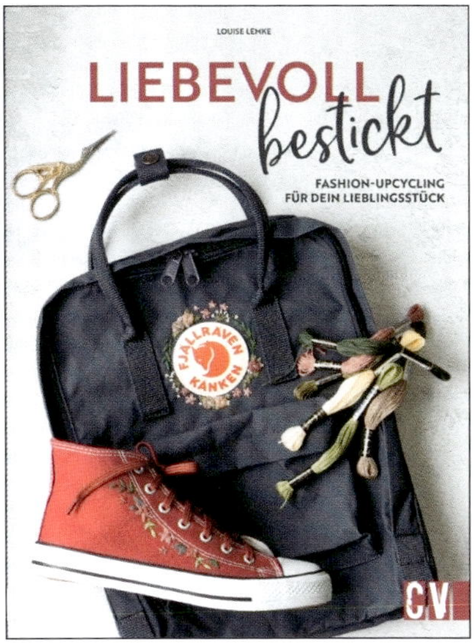

ISBN 978-3-8410-6697-8

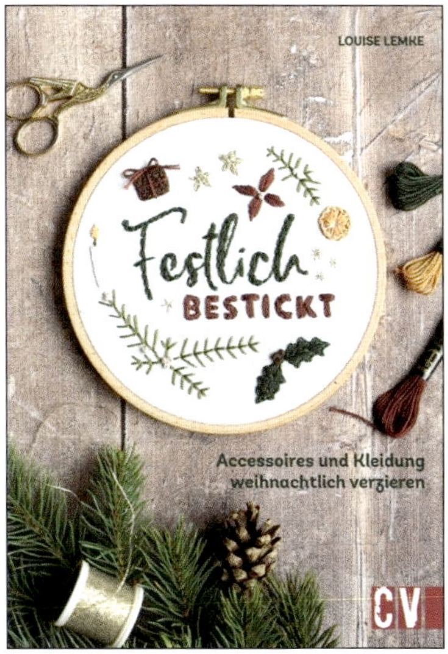

ISBN 978-3-8410-6727-2

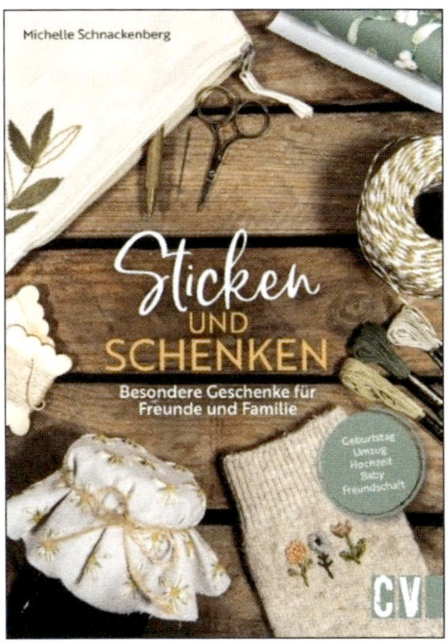

ISBN 978-3-8410-6772-2

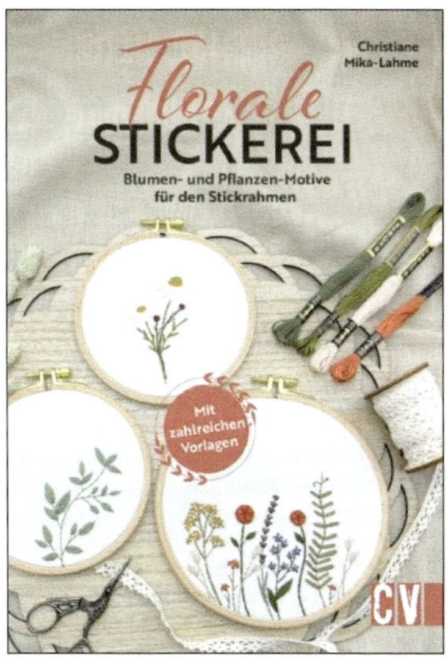

ISBN 978-3-8410-6762-3

FUCK